LA

RÉVOLUTION DE JUILLET 1830

MÉMOIRES

PAR

CHATEAUBRIAND

BRUXELLES

SOCIÉTÉ TYPOGRAPHIQUE BELGE

—

M DCCC L

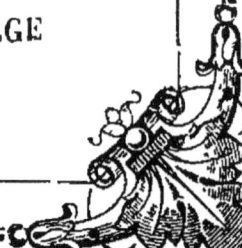

LA RÉVOLUTION DE JUILLET 1830

LA

RÉVOLUTION DE JUILLET 1830

MÉMOIRES

PAR

CHATEAUBRIAND

BRUXELLES

SOCIÉTÉ TYPOGRAPHIQUE BELGE

—

M DCCC L

La Révolution de Juillet racontée par Chateaubriand, avec cette parole éloquente et prophétique qui déchire le voile du présent et fait entrevoir l'avenir, peut bien encore rajeunir un sujet déjà usé par tant d'histoires et d'historiens. Ainsi l'on a cru bien mériter de l'histoire même et des admirateurs du grand écrivain en tirant ce récit de ses *Mémoires d'Outre-tombe* pour le réimprimer à part, dans ce petit volume, comme un des plus précieux joyaux de la couronne immortelle du roi de la moderne littérature française.

LES ÉDITEURS

Ouverture de la session de 1830. — Adresse.
La Chambre est dissoute.

La session de 1830 s'ouvrit le 2 mars. Le discours du
trône faisait dire au Roi : « Si de coupables manœuvres
« suscitent à mon gouvernement des obstacles que je ne
« peux pas, que je ne veux pas prévoir, je trouverai la
« force de les surmonter. » Charles X prononça ces mots
du ton d'un homme qui, habituellement timide et doux,
se trouve par hasard en colère, s'anime au son de sa
voix : plus les paroles étaient fortes, plus la faiblesse des
résolutions apparaissait derrière.

L'adresse en réponse fut rédigée par MM. Étienne et
Guizot. Elle disait : « Sire, la Charte consacre comme un
« droit l'intervention du pays dans la délibération des

« intérêts publics. Cette intervention fait du concours
« permanent des vues de votre gouvernement avec les
« vœux du peuple la condition indispensable de la mar-
« che régulière des affaires publiques. Sire, notre loyauté,
« notre dévouement, nous condamnent à vous dire que
« ce CONCOURS N'EXISTE PAS. »

L'adresse fut votée à la majorité de deux cent vingt
et une voix contre cent quatre-vingt-une. Un amendement de M. de Lorgeril faisait disparaître la phrase sur
le *refus du concours*. Cet amendement n'obtint que vingt-
huit suffrages. Si les deux cent vingt et un avaient pu
prévoir le résultat de leur vote, l'adresse eût été rejetée
à une immense majorité. Pourquoi la Providence ne lève-
t-elle pas quelquefois un coin du voile qui couvre l'avenir ! Elle en donne, il est vrai, un pressentiment à certains hommes ; mais ils n'y voient pas assez clair pour
bien s'assurer de la route ; ils craignent de s'abuser, ou,
s'ils s'aventurent dans des prédictions qui s'accomplis-
sent, on ne les croit pas. Dieu n'écarte point la nuée du
fond de laquelle il agit ; quand il permet de grands maux,
c'est qu'il a de grands desseins ; desseins étendus dans
un plan général, déroulés dans un profond horizon hors
de la portée de notre vue et de l'atteinte de nos générations rapides.

Le Roi, en réponse à l'adresse, déclara que sa résolution était immuable, c'est-à-dire qu'il ne renverrait
pas M. de Polignac. La dissolution de la Chambre fut ré-
solue : MM. de Peyronnet et de Chantelauze remplacè-

rent MM. de Chabrol et Courvoisier, qui se retirèrent; M. Capelle fut nommé ministre du commerce. On avait autour de soi vingt hommes capables d'être ministres; on pouvait faire revenir M. de Villèle; on pouvait prendre M. Casimir Périer et le général Sebastiani. J'avais déjà proposé ceux-ci au Roi, lorsqu'après la chute de M. de Villèle l'abbé Frayssinous fut chargé de m'offrir le ministère de l'instruction publique. Mais non; on avait horreur des gens capables. Dans l'ardeur qu'on ressentait pour la nullité, on chercha, comme pour humilier la France, ce qu'elle avait de plus petit afin de le mettre à sa tête. On avait déterré M. Guernon de Ranville, qui pourtant se trouva le plus courageux de la bande ignorée, et le Dauphin avait supplié M. de Chantelauze de sauver la monarchie.

L'ordonnance de dissolution convoqua les colléges d'arrondissement pour le 23 juin 1830, et les colléges de département pour le 3 de juillet, vingt-sept jours seulement avant l'arrêt de mort de la branche aînée.

Les partis, fort animés, poussaient tout à l'extrème: les ultra-royalistes parlaient de donner la dictature à la couronne; les républicains songeaient à une République avec un Directoire ou sous une Convention. *La tribune*, journal de ce parti, parut, et dépassa *le National*. La grande majorité du pays voulait encore la royauté légitime, mais avec des concessions et l'affranchissement des influences de cour; toutes les ambitions étaient éveillées, et chacun espérait devenir ministre: les orages font éclore les insectes.

Ceux qui voulaient forcer Charles X à devenir monarque constitutionnel pensaient avoir raison. Ils croyaient
des racines profondes à la légitimité; ils avaient oublié
la faiblesse de l'*homme*; la *royauté* pouvait être pres-
sée, le *Roi* ne le pouvait pas: l'individu nous a perdus,
non l'institution.

Nouvelle Chambre. — Je pars pour Dieppe. — Ordonnances du 25 juillet. — Je reviens à Paris. — Réflexions pendant ma route. — Lettre à madame Récamier.

Les députés de la nouvelle Chambre étaient arrivés à
Paris: sur les deux cent vingt et un, deux cent deux
avaient été réélus; l'opposition comptait deux cent soi-
xante-dix voix; le ministère cent quarante-cinq: la partie de la couronne était donc perdue. Le résultat naturel était la retraite du ministère : Charles X s'obstina à
tout braver, et le coup d'État fut résolu.

Je partis pour Dieppe le 26 juillet, à quatre heures du
matin, le jour même où parurent les ordonnances. J'é-
tais assez gai, tout charmé d'aller revoir la mer, et j'é-
tais suivi, à quelques heures de distance, par un effroyable orage. Je soupai et je couchai à Rouen sans rien ap-

prendre, regrettant de ne pouvoir aller visiter Saint-Ouen, et m'agenouiller devant la belle Vierge du Musée, en Mémoire de Raphaël et de Rome. J'arrivai le lendemain, 27, à Dieppe, vers midi. Je descendis dans l'hôtel où M. le comte de Boissy, mon ancien secrétaire de légation, m'avait arrêté un logement. Je m'habillai et j'allai chercher madame Récamier. Elle occupait un appartement dont les fenêtres s'ouvraient sur la grève. J'y passai quelques heures à causer et à regarder les flots. Voici tout à coup venir Hyacinthe; il m'apporte une lettre que M. de Boissy avait reçue, et qui annonçait les ordonnances avec de grands éloges. Un moment après, entre mon ancien ami, Ballanche; il descendait de la diligence et tenait en main les journaux. J'ouvris le *Moniteur* et je lus, sans en croire mes yeux, les pièces officielles. Encore un gouvernement qui de propos délibéré se jetait du haut des tours de Notre-Dame! Je dis à Hyacinthe de demander des chevaux, afin de repartir pour Paris. Je remontai en voiture, vers sept heures du soir, laissant mes amis dans l'anxiété. On avait bien depuis un mois murmuré quelque chose d'un coup d'État, mais personne n'avait fait attention à ce bruit, qui semblait absurde. Charles X avait vécu des illusions du trône : il se forme autour des princes une espèce de mirage qui les abuse en déplaçant l'objet et en leur faisant voir dans le ciel des paysages chimériques.

J'emportai le *Moniteur*. Aussitôt qu'il fit jour, le 28, je lus, relus et commentai les ordonnances. Le rapport

au Roi servant de prolégomènes me frappait de deux
manières : les observations sur les inconvénients de la
presse étaient justes ; mais en même temps l'auteur de
ces observations montrait une ignorance complète de
l'état de la société actuelle. Sans doute les ministres, depuis 1814, à quelque opinion qu'ils aient appartenu, ont
été harcelés par les journaux ; sans doute la presse tend
à subjuguer la souveraineté, à forcer la royauté et les
Chambres à lui obéir ; sans doute, dans les derniers jours
de la Restauration, la presse, n'écoutant que sa passion,
a, sans égard aux intérêts et à l'honneur de la France,
attaqué l'expédition d'Alger, développé les causes, les
moyens, les préparatifs, les chances d'un non-succès ;
elle a divulgué les secrets de l'armement, instruit l'ennemi de l'état de nos forces, compté nos troupes et nos
vaisseaux, indiqué jusqu'au point de débarquement. Le
cardinal de Richelieu et Bonaparte auraient-ils mis l'Europe aux pieds de la France, si l'on eût révélé ainsi d'a-
vance le mystère de leurs négociations, ou marqué les
étapes de leurs armées ?

Tout cela est vrai et odieux ; mais le remède ? La presse
est un élément jadis ignoré, une force autrefois incon-
nue, introduite maintenant dans le monde ; c'est la parole à l'état de foudre ; c'est l'électricité sociale. Pouvez-
vous faire qu'elle n'existe pas ? Plus vous prétendrez la
comprimer, plus l'explosion sera violente. Il faut donc
vous résoudre à vivre avec elle, comme vous vivez avec
la machine à vapeur. Il faut apprendre à vous en ser-

vir, en la dépouillant de son danger, soit qu'elle s'affaiblisse peu à peu par un usage commun et domestique, soit que vous assimiliez graduellement vos mœurs et vos lois aux principes qui régiront désormais l'humanité. Une preuve de l'impuissance de la presse dans certains cas se tire du reproche même que vous lui faites à l'égard de l'expédition d'Alger : vous l'avez pris, Alger, malgré la liberté de la presse, de même que j'ai fait faire la guerre d'Espagne en 1823 sous le feu le plus ardent de cette liberté.

Mais ce qui n'est pas tolérable dans le rapport des ministres, c'est cette prétention effrontée, savoir : que le Roi a un pouvoir préexistant aux lois. Que signifient alors les constitutions ? pourquoi tromper les peuples par des simulacres de garantie, si le monarque peut à son gré changer l'ordre du gouvernement établi ? Et toutefois les signataires du rapport sont si persuadés de ce qu'ils disent, qu'à peine citent-ils l'article 14, au profit duquel j'avais depuis longtemps annoncé que l'on *confisquerait la Charte;* ils le rappellent, mais seulement pour mémoire, et comme une superfétation de droit dont ils n'avaient pas besoin.

La première ordonnance établit la suppression de la liberté de la presse dans ses diverses parties ; c'est la quintescence de tout ce qui s'était élaboré depuis quinze ans dans le cabinet noir de la police.

La seconde ordonnance refait la loi d'élection. Ainsi, les deux premières libertés, la liberté de la presse et la liberté électorale, étaient radicalement extirpées ; elles l'étaient, non par un acte inique et cependant légal, émané d'une puissance législative corrompue, mais par des *ordonnances*, comme au temps du bon plaisir. Et cinq hommes qui ne manquaient pas de bon sens se précipitaient, avec une légèreté sans exemple, eux, leur maître, la monarchie, la France et l'Europe, dans un gouffre. J'ignorais ce qui se passait à Paris. Je désirais qu'une résistance, sans renverser le trône, eût obligé la couronne à renvoyer les ministres et à retirer les ordonnances. Dans le cas où celles-ci eussent triomphé, j'étais résolu à ne pas m'y soumettre, à écrire, à parler contre ces mesures inconstitutionnelles.

Si les membres du corps diplomatique n'influèrent pas directement sur les ordonnances, ils les favorisèrent de leurs vœux ; l'Europe absolue avait notre Charte en horreur. Lorsque la nouvelle des ordonnances arriva à Berlin et à Vienne, et que pendant vingt-quatre heures on crut au succès, M. Ancillon s'écria que l'Europe était sauvée, et M. de Metternich témoigna une joie indicible. Bientôt, ayant appris la vérité, ce dernier fut aussi consterné qu'il avait été ravi : il déclara qu'il s'était trompé, que l'opinion était décidément libérale, et il s'accoutumait déjà à l'idée d'une constitution autrichienne.

Les nominations de conseillers d'État qui suivent les ordonnances de juillet jettent quelque jour sur les personnes qui, dans les antichambres, ont pu, par leurs avis ou par leur rédaction, prêter aide aux ordonnances. On y remarque les noms des hommes les plus opposés au système représentatif. Est-ce dans le cabinet même du Roi, sous les yeux du monarque, qu'ont été libellés ces documents funestes? est-ce dans le cabinet de M. de Polignac? est-ce dans une réunion de ministres seuls, ou assistés de quelques bonnes têtes anticonstitutionnelles? est-ce *sous les plombs,* dans quelque séance secrète des *Dix,* qu'ont été minutés ces arrêts de juillet, en vertu desquels la monarchie légitime a été condamnée à être étranglée sur le *Pont des Soupirs?* L'idée était-elle de M. de Polignac seul? C'est ce que l'histoire ne nous révèlera peut-être jamais.

Arrivé à Gisors, j'appris le soulèvement de Paris, et j'entendis des propos alarmants; ils prouvaient à quel point la Charte avait été prise au sérieux par les populations de la France. A Pontoise, on avait des nouvelles plus récentes encore, mais confuses et contradictoires. A Herblay, point de chevaux à la poste. J'attendis près d'une heure. On me conseilla d'éviter Saint-Denis, parce que je trouverais des barricades. A Courbevoie, le postillon avait déjà quitté sa veste à boutons fleurdelisés. On avait tiré le matin sur une calèche qu'il conduisait à Paris par l'avenue des Champs-Élysées. En conséquence, il me dit qu'il ne me mènerait pas par cette avenue, et qu'il irait chercher, à droite de la barrière de l'Étoile, la barrière du Trocadéro. De cette barrière on découvre Paris. J'aperçus le drapeau tricolore flottant; je jugeai qu'il ne s'agissait pas d'une émeute, mais d'une révolution. J'eus le pressentiment que mon rôle allait changer : qu'étant accouru pour défendre les libertés publiques, je serais obligé de défendre la royauté. Il s'élevait çà et là des nuages de fumée blanche parmi des groupes de maisons. J'entendis quelques coups de canon et des feux de mousqueterie mêlés au bourdonnement du tocsin. Il me sembla que je voyais tomber le vieux Louvre du haut du plateau désert, destiné par Napoléon à l'emplacement du palais du roi de Rome. Le lieu de l'observation offrait une de ces consolations philosophiques qu'une ruine apporte à une autre ruine.

Ma voiture descendit la rampe. Je traversai le pont d'Iéna, et je remontai l'avenue pavée qui longe le Champ-de-Mars. Tout était solitaire. Je trouvai un piquet de cavalerie placé devant la grille de l'École militaire ; les hommes avaient l'air triste et comme oubliés là. Nous prîmes le boulevard des Invalides et le boulevard du Mont-Parnasse. Je rencontrai quelques passants qui regardaient avec surprise une voiture conduite en poste comme dans un temps ordinaire. Le boulevard d'Enfer était barré par des ormeaux abattus.

Dans ma rue, mes voisins me virent arriver avec plaisir : je leur semblais une protection pour le quartier. Madame de Chateaubriand était à la fois bien aise et alarmée de mon retour.

Le jeudi matin, 29 juillet, j'écrivis à madame Récamier, à Dieppe, cette lettre prolongée par des *post-scriptum:*

« Jeudi matin, 29 juillet 1830.

« Je vous écris sans savoir si ma lettre vous arrivera,
« car les courriers ne partent plus.

« Je suis entré dans Paris au milieu de la canonnade,
« de la fusillade et du tocsin. Ce matin, le tocsin sonne
« encore, mais je n'entends plus les coups de fusil; il
« paraît qu'on s'organise, et que la résistance continuera
« tant que les ordonnances ne seront pas rappelées. Voilà
« le résultat immédiat (sans parler du résultat définitif)
« du parjure dont les ministres ont donné le tort, du
« moins apparent, à la couronne !

« La garde nationale, l'École polytechnique, tout s'en
« est mêlé. Je n'ai encore vu personne. Vous jugez dans
« quel état j'ai trouvé madame de Ch... Les personnes
« qui, comme elle, ont vu le 10 août et le 2 septembre,
« sont restées sous l'impression de la terreur. Un régi-
« ment, le 5e de ligne, a déjà passé du côté de la Char-
« te. Certainement M. de Polignac est bien coupable; son
« incapacité est une mauvaise excuse; l'ambition dont
« on n'a pas les talents est un crime. On dit la cour à
« Saint-Cloud, et prête à partir.

« Je ne vous parle pas de moi; ma position est pé-
« nible, mais claire. Je ne trahirai pas plus le Roi que
« la Charte, pas plus le pouvoir légitime que la liberté.
« Je n'ai donc rien à dire et à faire; attendre et pleurer
« sur mon pays. Dieu sait maintenant ce qui va arriver
« dans les provinces: on parle déjà de l'insurrection de
« Rouen. D'un autre côté, la congrégation armera les

« chouans et la Vendée. A quoi tiennent les empires !
« Une ordonnance et six ministres sans génie ou sans
« vertu suffisent pour faire du pays le plus tranquille
« et le plus florissant le pays le plus troublé et le plus
« malheureux. »

« Midi.

« Le feu recommence. Il paraît qu'on attaque le Lou-
« vre où les troupes du Roi se sont retranchées. Le fau-
« bourg que j'habite commence à s'insurger. On parle
« d'un gouvernement provisoire dont les chefs seraient
« le général Gérard, le duc de Choiseul et M. de La
« Fayette.

« Il est probable que cette lettre ne partira pas, Pa-
« ris étant déclaré en état de siége. C'est le maréchal
« Marmont qui commande pour le Roi. On le dit tué,
« mais je ne le crois pas. Tâchez de ne pas trop vous
« inquiéter. Dieu vous protége ! Nous nous retrouve-
« rons ! »

« Vendredi.

« Cette lettre était écrite d'hier; elle n'a pu partir.
« Tout est fini: la victoire populaire est complète; le
« Roi cède sur tous les points; mais j'ai peur qu'on aille
« maintenant bien au delà des concessions de la couron-
« ne. J'ai écrit ce matin à S. M. Au surplus, j'ai pour
« mon avenir un plan complet de sacrifices qui me plaît.
« Nous en causerons quand vous serez arrivée.

« Je vais moi-même mettre cette lettre à la poste et
« parcourir Paris. »

Révolution de juillet. — Journée du 26.

Les ordonnances, datées du 25 juillet, furent insérées dans le *Moniteur* du 26. Le secret en avait été si profondément gardé, que ni le maréchal duc de Raguse, major général de la garde, de service, ni M. Mangin, préfet de police, ne furent mis dans la confidence. Le préfet de la Seine ne connut les ordonnances que par le *Moniteur*, de même que le sous-secrétaire d'État de la guerre; et néanmoins c'étaient ces divers chefs qui disposaient des différentes forces armées. Le prince de Polignac, chargé par intérim du portefeuille de M. de Bourmont, était si loin de s'occuper de cette minime affaire des ordonnances, qu'il passa la journée du 26 à présider une adjudication au ministère de la guerre.

Le Roi partit pour la chasse le 26, avant que le *Moniteur* fut arrivé à Saint-Cloud, et il ne revint de Rambouillet qu'à minuit.

Enfin le duc de Raguse reçut ce billet de M. de Polignac :

« Votre Excellence a connaissance des mesures ex-
« traordinaires que le Roi, dans sa sagesse et dans son
« sentiment d'amour pour son peuple, a jugé nécessaire
« de prendre pour le maintien des droits de sa couronne
« et de l'ordre public. Dans ces importantes circonstan-
« ces, Sa Majesté compte sur votre zèle pour assurer
« l'ordre et la tranquillité dans toute l'étendue de votre
« commandement. »

Cette audace des hommes les plus faibles qui furent
jamais, contre cette force qui allait broyer un empire,
ne s'explique que par une sorte d'hallucination, résultat
des conseils d'une misérable coterie que l'on ne trouva
plus au moment du danger. Les rédacteurs des journaux,
après avoir consulté MM. Dupin, Odilon Barrot, Barthe
et Mérilhou, se résolurent de publier leurs feuilles sans
autorisation, afin de se faire saisir et de plaider l'illéga-
lité des ordonnances. Ils se réunirent au bureau du *National:* M. Thiers rédigea une protestation qui fut signée
de quarante-quatre rédacteurs, et qui parut, le 27 au matin, dans le *National* et le *Temps*.

A la chute du jour quelques députés se réunirent chez
M. de Laborde. On convint de se retrouver le lendemain
chez M. Casimir Périer. Là parut, pour la première fois,

2

un des trois pouvoirs qui allaient occuper la scène : la monarchie était à la Chambre des députés, l'usurpation au Palais-Royal, la République à l'Hôtel-de-Ville. Dans la soirée, il se forma des rassemblements au Palais-Royal ; on jeta des pierres à la voiture de M. de Polignac. Le duc de Raguse ayant vu le Roi à Saint-Cloud, à son retour de Rambouillet, le Roi lui demanda des nouvelles de Paris : « La rente est tombée. — De combien ? dit le « Dauphin. — De trois francs, répondit le maréchal. — « Elle remontera, » repartit le Dauphin ; et chacun s'en alla.

Journée du 27 juillet.

La journée du 27 commença mal. Le Roi investit du commandement de Paris le duc de Raguse: c'était s'appuyer sur la mauvaise fortune. Le maréchal se vint installer à une heure à l'état-major de la garde, place du Carrousel. M. Mangin envoya saisir les presses du *National;* M. Carrel résista; MM. Mignet et Thiers, croyant la partie perdue, disparurent pendant deux jours: M. Thiers alla se cacher dans la vallée de Montmorency, chez une madame de Courchamp, parente des deux MM. Becquet, dont l'un a travaillé au *National,* et l'autre au *Journal des Débats.*

Au *Temps* la chose prit un caractère plus sérieux: le véritable héros des journalistes est incontestablement M. Coste.

En 1823, M. Coste dirigeait les *Tablettes historiques:* accusé par ses collaborateurs d'avoir vendu ce journal, il se battit et reçut un coup d'épée. M. Coste me fut présenté au ministère des affaires étrangères; en causant avec lui de la liberté de la presse, je lui dis: « Monsieur, vous savez combien j'aime et respecte cette liberté; mais comment voulez-vous que je la défende auprès de Louis XVIII, quand vous attaquez tous les jours la royauté et la religion! Je vous supplie, dans votre intérêt et pour me laisser ma force entière, de ne plus saper des remparts aux trois quarts démolis, et qu'en vérité un homme de courage devrait rougir d'attaquer. Faisons un marché: ne vous en prenez plus à quelques vieillards faibles que le trône et le sanctuaire protégent à peine; je vous livre en échange ma personne. Attaquez-moi soir et matin; dites de moi tout ce que vous voudrez, jamais je ne me plaindrai; je vous saurai gré de votre attaque légitime et constitutionnelle contre le ministre, en mettant á l'écart le Roi. »

M. Coste m'a conservé de cette entrevue un souvenir d'estime.

Une parade constitutionnelle eut lieu au bureau du *Temps* entre M. Baude et un commissaire de police.

Le procureur du roi de Paris décerna quarante-quatre mandats d'amener contre les signataires de la protestation des journalistes.

Vers deux heures la fraction monarchique de la révolution se réunit chez M. Périer, comme on en était

convenu la veille: on ne conclut rien. Les députés s'ajour-
nèrent au lendemain, 28, chez M. Audry de Puyraveau.
M. Casimir Périer, homme d'ordre et de richesse, ne
voulait pas tomber dans les mains populaires; il ne cessait de nourrir encore l'espoir d'un arrangement avec
la royauté légitime; il dit vivement à M. de Schonen:
« Vous nous perdez en sortant de la légalité; vous nous
« faites quitter une position superbe. » Cet esprit de légalité était partout; il se montra dans deux réunions
opposées, l'une chez M. Cadet-Gassicourt, l'autre chez
le général Gourgaud. M. Périer appartenait à cette classe
bourgeoise qui s'était faite héritière du peuple et du soldat. Il avait du courage, de la fixité dans les idées; il se
jeta bravement en travers du torrent révolutionnaire
pour le barrer; mais sa santé préoccupait trop sa vie,
et il soignait trop sa fortune. « Que voulez-vous faire
« d'un homme, me disait M. Decazes, qui regarde tou-
« jours sa langue dans une glace? »

La foule augmentant et commençant à paraître en
armes, l'officier de la gendarmerie vint avertir le maréchal de Raguse qu'il n'avait pas assez de monde et qu'il
craignait d'être forcé: alors le maréchal fit ses dispositions militaires.

Le 27, il était déjà quatre heures et demie du soir,
lorsqu'on reçut dans les casernes l'ordre de prendre les
armes. La gendarmerie de Paris, appuyée de quelques
détachements de la Garde, essaya de rétablir la circu-
lation dans les rues Richelieu et Saint-Honoré. Un de ces

détachements fut assailli dans la rue du *Duc-de-Bordeaux* d'une grêle de pierres. Le chef de ce détachement évitait de tirer, lorsqu'un coup parti de l'*Hôtel royal,* rue des Pyramides, décida la question: il se trouva qu'un M. Fox, habitant de cet hôtel, s'était armé de son fusil de chasse, et avait fait feu sur la Garde à travers sa fenêtre. Les soldats répondirent par une décharge sur la maison, et M. Fox tomba mort avec deux domestiques. Ainsi ces Anglais, qui vivent à l'abri dans leur île, vont porter les révolutions chez les autres: vous les trouvez mêlés dans les quatre parties du monde à des querelles qui ne les regardent pas: pour vendre une pièce de calicot, peu leur importe de plonger une nation dans toutes les calamités. Quel droit ce M. Fox avait-il de tirer sur des soldats français? Était-ce la Constitution de la Grande-Bretagne que Charles X avait violée? Si quelque chose pouvait flétrir les combats de Juillet, ce serait d'avoir été engagés par la balle d'un Anglais.

Ces premiers combats, qui dans la journée du 27 n'avaient guère commencé que vers les cinq heures du soir, cessèrent avec le jour. Les armuriers cédèrent leurs armes à la foule, les réverbères furent brisés ou restèrent sans être allumés; le drapeau tricolore se hissa dans les ténèbres au haut des tours de Notre-Dame: l'envahissement des corps de garde, la prise de l'arsenal et des poudrières, le désarmement des fusillers sédentaires, tout cela s'opéra sans opposition au lever du jour le 28, et tout était fini à huit heures.

Le parti démocratique et prolétaire de la révolution, en blouse ou demi-nu, était sous les armes; il ne ménageait pas sa misère et ses lambeaux. Le peuple, représenté par des électeurs qu'il s'était choisis dans divers attroupements, était parvenu à faire convoquer une assemblée chez M. Cadet Gassicourt.

Le parti de l'usurpation ne se montrait pas encore: son chef, caché hors de Paris, ne savait s'il irait à Saint-Cloud ou au Palais-Royal. Le parti bourgeois ou de la monarchie, les députés, délibérait et répugnait à se laisser entraîner au mouvement.

M. de Polignac se rendit à Saint-Cloud et fit signer au Roi, le 28, à cinq heures du matin, l'ordonnance qui mettait Paris en état de siége.

Journée militaire du 28 juillet.

Les groupes s'étaient reformés le 28 plus nombreux; au cri de: *Vive la Charte!* qui se faisait encore entendre, se mêlait déjà le cri de: *Vive la liberté! à bas les Bourbons!* On criait aussi: *Vive l'Empereur! vive le Prince noir!* mystérieux prince des ténèbres qui apparaît à l'imagination populaire dans toutes les révolutions. Les souvenirs et les passions étaient descendus; on abattait et l'on brûlait les armes de France; on les attachait à la corde des lanternes cassées; on arrachait les plaques fleurdelisées des conducteurs de diligences et des facteurs de la poste; les notaires retiraient leurs panonceaux, les huissiers leurs rouelles, les voituriers leurs estampilles, les fournisseurs de la cour leurs écussons. Ceux qui jadis avaient recouvert les aigles napoléonien- nes peintes à l'huile de lis bourbonniens détrempés à la colle n'eurent besoin que d'une éponge pour nettoyer leur loyauté: avec un peu-d'eau on efface aujourd'hui la reconnaissance et les empires.

Le maréchal de Raguse écrivit au Roi qu'il était ur- gent de prendre des moyens de pacification, et que de- main, 29, il serait trop tard. Un envoyé du préfet de police était venu demander au maréchal s'il était vrai que Paris fût déclaré en état de siége: le maréchal, qui n'en savait rien, parut étonné: il courut chez le prési- dent du conseil; il y trouva les ministres assemblés, et M. de Polignac lui remit l'ordonnance. Parce que l'homme qui avait foulé le monde aux pieds avait mis des villes et des provinces en état de siége, Charles X avait cru pouvoir l'imiter. Les ministres déclarèrent au maréchal qu'ils allaient venir s'établir à l'état-major de la garde.

Aucun ordre n'étant arrivé de Saint-Cloud, à neuf heures du matin, le 28, lorsqu'il n'était plus temps de tout garder, mais de tout reprendre, le maréchal fit sor- tir des casernes les troupes qui s'étaient déjà en partie montrées la veille. On n'avait pris aucune précaution pour faire arriver des vivres au Carrousel, quartier gé- néral. La manutention, qu'on avait oublié de faire suf- fisamment garder, fut enlevée. M. le duc de Raguse, homme d'esprit et de mérite, brave soldat, savant, mais malheureux général, prouva pour la millième fois qu'un génie militaire est insuffisant aux troubles civils: le premier officier de police eût mieux su ce qu'il y avait à faire que le maréchal. Peut-être aussi son intelligence fut-elle paralysée par ses souvenirs; il resta comme étouffé sous le poids de la fatalité de son nom.

Le maréchal, qui n'avait qu'une poignée d'hommes, conçut un plan pour l'exécution duquel il lui aurait fallu trente mille soldats. Des colonnes étaient désignées pour de grandes distances, tandis qu'une autre s'emparerait de l'Hôtel-de-Ville. Les troupes, après avoir achevé leur mouvement pour faire régner l'ordre de toutes parts, devaient converger à la maison commune. Le Carrousel demeurait le quartier général: les ordres en sortaient, les renseignements y aboutissaient. Un bataillon de Suisses, pivotant sur le marché des Innocents, était chargé d'entretenir la communication entre les forces du centre et celles qui circulaient à la circonférence. Les soldats de la caserne Popincourt s'apprêtaient par différents rameaux à descendre sur les points où ils pouvaient être appelés. Le général Latour-Maubourg était logé aux Invalides. Quand il vit l'affaire mal engagée, il proposa de recevoir les régiments dans l'édifice de Louis XIV; il assurait qu'il les pouvait nourrir, et défiait les Parisiens de le forcer. Il n'avait pas impunément laissé ses membres sur les champs de bataille de l'Empire, et les redoutes de Borodino savaient qu'il tenait parole. Mais qu'importait l'expérience et le courage d'un vétéran mutilé? On n'écouta point ses conseils.

Sous le commandement du comte de Saint-Chamans, la première colonne de la garde partit de la Madeleine pour suivre les boulevards jusqu'à la Bastille. Dès les premiers pas, un peloton que commandait M. Sala fut attaqué; l'officier royaliste repoussa vivement l'attaque. A mesure qu'on avançait, les postes de communication laissés sur la route, trop faibles et trop éloignés les uns des autres, étaient coupés par le peuple et séparés les uns des autres par des abattis d'arbres et des barricades. Il y eut une affaire sanglante aux portes Saint-Denis et Saint-Martin. M. de Saint-Chamans, passant sur le théâtre des exploits futurs de Fieschi, rencontra à la place de la Bastille des groupes nombreux de femmes et d'hommes. Il les invita à se disperser, en leur distribuant quelque argent; mais on ne cessait de tirer des maisons environnantes. Il fut obligé de renoncer à rejoindre l'Hôtel-de-Ville par la rue Saint-Antoine, et après avoir traversé le pont d'Austerlitz, il regagna le Carrousel le long des boulevards du Sud. Turenne devant la Bastille non encore démolie avait été plus heureux pour la mère de Louis XIV enfant.

La colonne chargée d'occuper l'Hôtel-de-Ville suivit les quais des Tuileries, du Louvre et de l'École, passa la moitié du Pont-Neuf, prit le quai de l'Horloge, le marché aux Fleurs, et se porta à la place de Grève par le pont Notre-Dame. Deux pelotons de la garde firent une diversion en filant jusqu'au nouveau pont suspendu. Un bataillon du 13e léger appuyait la garde, et devait laisser deux pelotons sur le Marché-aux-Fleurs.

On se battit au passage de la Seine sur le pont Notre-Dame. Le peuple, tambour en tête, aborda bravement la garde. L'officier qui comandait l'artillerie royale fit observer à la masse populaire qu'elle s'exposait inutilement, et que n'ayant pas de canons elle serait foudroyée sans aucune chance de succès. La plèbe s'obstina; l'artillerie fit feu. Les soldats inondèrent les quais et la place de Grève, où débouchèrent par le pont d'Arcole deux autres pelotons de la garde. Ils avaient été obligés de forcer des rassemblements d'étudiants du faubourg Saint-Jacques. L'Hotel-de-Ville fut occupé.

Une barricade s'élevait à l'entrée de la rue du Mouton: une brigade de Suisses emporta cette barricade; le peuple, se ruant des rues adjacentes, reprit son retranchement avec de grands cris. La barricade resta finalement à la garde.

Dans tous ces quartiers pauvres et populaires on combattit instantanément, sans arrière-pensée: l'étourderie française, moqueuse, insouciante, intrépide, était montée au cerveau de tous; la gloire a, pour notre nation, la légèreté du vin de Champagne. Les femmes, aux croisées, encourageaient les hommes dans la rue; des billets promettaient le bâton de maréchal au premier colonel qui passerait au peuple; des groupes marchaient au son d'un violon. C'étaient des scènes tragiques et bouffonnes, des spectacles de tréteaux et de triomphe: on entendait des éclats de rire et des jurements au milieu des coups de fusil, du sourd mugissement de la foule, à tra-

vers des masses de fumée. Pieds nus, bonnet de police
en tête, des charretiers improvisés conduisaient avec un
laisser-passer de chefs inconnus des convois de blessés
parmi les combattants qui se séparaient.

Dans les quartiers riches régnait un autre esprit. Les
gardes nationaux ayant repris les uniformes dont on les
avait dépouillés, se rassemblaient en grand nombre à la
mairie du 1er arrondissement pour maintenir l'ordre
Dans ces combats, la garde souffrait plus que le peuple
parce qu'elle était exposée au feu des ennemis invisibles
enfermés dans les maisons. D'autres nommeront les vaillants des salons qui, reconnaissant des officiers de la
garde, s'amusaient à les abattre, en sûreté qu'ils étaient
derrière un volet ou une cheminée. Dans la rue, l'ani-
mosité de l'homme de peine ou du soldat n'allait pas au
delà du coup porté : blessé, on se secourait mutuellement.
Le peuple sauva plusieurs victimes. Deux officiers, M. de
Goyon et M. Rivaux, après une défense héroïque, durent
la vie à la générosité des vainqueurs. Un capitaine de la
garde, Kaumann, reçoit un coup de barre de fer sur la
tête : étourdi et les yeux sanglants, il relève avec son
épée les baïonnettes de ses soldats qui mettaient en joue
l'ouvrier.

La garde était remplie des grenadiers de Bonaparte.
Plusieurs officiers perdirent la vie, entre autres le lieutenant Noirot, d'une bravoure extraordinaire, qui avait
reçu du prince Eugène la croix de la Légion-d'Honneur
en 1813 pour un fait d'armes accompli dans une des

redoutes de Caldiera. Le colonel de Pleinselve, blessé mortellement à la porte Saint-Martin, avait été aux guerres de l'Empire, en Hollande, en Espagne, à la grande armée et dans la garde impériale. A la bataille de Leipsick, il fit prisonnier de sa propre main le général autrichien Merfeld. Porté par ses soldats à l'hôpital du Gros-Gaillou, il ne voulut être pansé que le dernier des blessés de juillet. Le docteur Larrey, qui l'avait rencontré sur d'autres champs de bataille, lui amputa la cuisse; il était trop tard pour le sauver. Heureux ces nobles adversaires qui avaient vu tant de boulets passer sur leur tête, s'ils ne succombèrent pas sous la balle de quelques-uns de ces forçats libérés que la justice a retrouvés depuis la victoire dans les rangs des vainqueurs! Ces galériens n'ont pu polluer le triomphe national républicain; ils n'ont été nuisibles qu'à la royauté de Louis-Philippe. Ainsi s'abîmèrent obscurément dans les rues de Paris les restes de ces soldats fameux, échappés au canon de la Moskowa, de Lutzen et de Leipsick: nous massacrions, sous Charles X, ces braves que nous avions tant admirés sous Napoléon. Il ne leur manquait qu'un homme: cet homme avait disparu à Sainte-Hélène.

Au tomber de la nuit, un sous-officier déguisé vint apporter l'ordre aux troupes de l'Hôtel-de-Ville de se replier sur les Tuileries. La retraite était rendue hasardeuse à cause des blessés que l'on ne voulait pas abandonner, et de l'artillerie difficile à passer à travers les barricades. Elle s'opéra cependant sans accident. Lorsque les troupes revinrent des différents quartiers de Paris, elles croyaient le Roi et le Dauphin arrivés de leur côté comme elles: cherchant en vain des yeux le drapeau blanc sur le pavillon de l'Horloge, elles firent entendre le langage énergique des camps.

Il n'est pas vrai, comme on le voit, que l'Hôtel-de-Ville ait été pris par la garde sur le peuple, et repris sur la garde par le peuple. Quand la garde y entra, elle n'éprouva aucune résistance, car il n'y avait personne, le préfet même était parti. Ces vantances affaiblissent et font mettre en doute les vrais périls. La garde fut mal engagée dans des rues tortueuses; la ligne, par son espèce de neutralité d'abord, et ensuite par sa défection, acheva le mal que des dispositions belles en théorie, mais peu exécutables en pratique, avaient commencé. Le 50e de ligne était arrivé pendant le combat à l'Hôtel-de-Ville; harassé de fatigue, on se hâta de le retirer dans l'enceinte de l'hôtel, et il prêta à des camarades épuisés ses entières et inutiles cartouches.

Le bataillon suisse resté au marché des Innocents fut dégagé par un autre bataillon suisse: ils vinrent l'un et l'autre aboutir au quai de l'École, et stationnèrent dans le Louvre.

Au reste, les barricades sont des retranchements qui appartiennent au génie parisien: on les retrouve dans tous nos troubles, depuis Charles V jusqu'à nos jours.

« Le peuple voyant ces forces disposées par les rues,
« dit l'Estoile, commença à s'esmouvoir, et se firent les

« *barricades* en la manière que tous sçavent: plusieurs
« Suisses furent tués, qui furent enterrés en une fosse
« faicte au parvis de Notre Dame; le duc de Guyse pas-
« sant par les rues, c'estoit à qui crieroit le plus haut:
« Vive Guyse! et lui, baissant son grand chapeau, leur
« dict: *Mes amis, c'est assez; messieurs, c'est trop; criez*
« *vive le Roi!* »

Pourquoi nos dernières barricades, dont le résultat a
été puissant, gagnent-elles si peu à être racontées, tandis que les barricades de 1588, qui ne produisirent presque rien, sont si intéressantes à lire? Cela tient à la dif-
férence des siècles et des personnages: le seizième siècle menait tout devant lui; le dix-neuvième a laissé tout
derrière: M. de Puyraveau n'est pas encore le Balafré.

Journée civile du 28 juillet.

Durant qu'on livrait ces combats, la révolution civile et politique suivait parallèlement la révolution militaire. Les soldats détenus à l'Abbaye furent mis en liberté; les prisonniers pour dette, à Sainte-Pélagie, s'échappèrent, et les condamnés pour fautes politiques furent élargis: une révolution est un jubilé; elle absout de tous les crimes, en en permettant de plus grands.

Les ministres tinrent conseil à l'état-major: ils résolurent de faire arrêter, comme chefs du mouvement, MM. Laffitte, La Fayette, Gérard, Marchais, Salverte et Audry de Puyraveau; le maréchal en donna l'ordre; mais quand plus tard ils furent députés vers lui, il ne crut pas de son honneur de mettre son ordre à exécution.

Une réunion du parti monarchique, composée de pairs et de députés, avait eu lieu chez M. Guizot : le duc de Broglie s'y trouva ; MM. Thiers et Mignet, qui avaient reparu, et M. Carrel, quoique ayant d'autres idées, s'y rendirent. Ce fut là que le parti de l'usurpation prononça le nom du duc d'Orléans pour la première fois. M. Thiers et M. Mignet allèrent chez le général Sebastiani lui parler du prince. Le général répondit d'une manière évasive ; le duc d'Orléans, assura-t-il, ne l'avait jamais entretenu de pareils desseins et ne l'avait autorisé à rien.

Vers midi, toujours dans la journée du 28, la réunion générale des députés eut lieu chez M. Audry de Puyraveau. M. de La Fayette, chef du parti républicain, avait rejoint Paris le 27 ; M. Laffitte, chef du parti orléaniste, n'arriva que dans la nuit du 27 au 28 ; il se rendit au Palais-Royal, où il ne trouva personne ; il envoya à Neuilly : le Roi en herbe n'y était pas.

Chez M. de Puyraveau, on discuta le projet d'une protestation contre les ordonnances. Cette protestation, plus que modérée, laissait entières les grandes questions.

M. Casimir Périer fut d'avis de dépêcher vers le duc de Raguse ; tandis que cinq députés choisis se préparaient à partir, M. Arago était chez le maréchal : il s'était décidé, sur un billet de madame de Boignes, à devancer les commissaires. Il représenta au maréchal la nécessité de mettre un terme aux malheurs de la capitale.

M. de Raguse alla prendre langue chez M. de Polignac ; celui-ci, instruit de l'hésitation des troupes, déclara que si elles passaient au peuple, on tirerait sur elles comme sur les insurgés. Le général Tromelin, témoin de ces conversations, s'emporta contre le général d'Ambrugeac. Alors arriva la députation. M. Laffitte porta la parole : « Nous venons, dit-il, vous demander d'arrêter l'effusion « du sáng. Si le combat se prolongeait, il entraînerait « non seulement les plus cruelles calamités, mais une « véritable révolution. » Le maréchal se renferma dans une question d'honneur militaire, prétendant que le peuple devait, le premier, cesser le combat ; il ajouta néanmoins ce post-scriptum à une lettre qu'il écrivit au Roi : « Je pense qu'il est urgent que Votre Majesté profite « sans retard des ouvertures qui lui sont faites. »

L'aide de camp du duc de Raguse, le colonel Konierowski, introduit dans le cabinet du Roi à Saint-Cloud, lui remit la lettre ; le Roi dit : « Je lirai cette lettre. » Le colonel se retira et attendit les ordres ; voyant qu'ils n'arrivaient pas, il pria M. le duc de Duras d'aller chez le Roi les demander. Le duc répondit que d'après l'étiquette, il lui était impossible d'entrer dans le cabinet. Enfin, rappelé par le Roi, M. Konierowski fut chargé d'enjoindre au maréchal de *tenir bon*.

Le général Vincent accourut de son côté à Saint-Cloud ; ayant forcé la porte qu'on lui refusait, il dit au Roi que tout était perdu : « Mon cher, répondit Charles X, « vous êtes un bon général, mais vous n'entendez rien « à cela. »

Journée militaire du 29 juillet.

Le 29 vit paraître de nouveaux combattants : les élèves de l'École polytechnique, en correspondance avec
un de leurs anciens camarades, M. Charras, forcèrent la
consigne et envoyèrent quatre d'entre eux, MM. Lothon,
Berthelin, Pinsonnière et Tourneux, offrir leurs services
à MM. Laffitte, Périer et La Fayette. Ces jeunes gens,
distingués par leurs études, s'étaient déjà fait connaître
aux alliés, lorsque ceux-ci se présentèrent devant Paris
en 1814; dans les jours trois ils devinrent les chefs du
peuple, qui les mit à sa tête avec une parfaite simplicité.
Les uns se rendirent sur la place de l'Odéon, les autres
au Palais-Royal et aux Tuileries.

L'ordre du jour publié le 29 au matin offensa la garde : il annonçait que le Roi, voulant témoigner sa satisfaction à ses braves serviteurs, leur accordait un mois et demi de paye; inconvenance que le soldat français ressentit: c'était le mesurer à la taille de ces Anglais qui ne marchent pas ou s'insurgent s'ils n'ont pas touché leur solde.

Dans la nuit du 28 au 29, le peuple dépava les rues de vingt pas en vingt pas, et le lendemain, au lever du jour, il y avait quatre mille barricades élevées dans Paris.

Le Palais-Bourbon était gardé par la ligne, le Louvre par deux bataillons suisses, la rue de la Paix, la place Vendôme et la rue Castiglione par le 5e et le 53e de ligne. Il était arrivé de Saint-Denis, de Versailles et de Ruel, à peu près douze cents hommes d'infanterie.

La position militaire était meilleure : les troupes se trouvaient plus concentrées, et il fallait traverser de grands espaces vides pour arriver jusqu'à elles. Le général Excelmans, qui jugea bien ces dispositions, vint à onze heures mettre sa valeur et son expérience à la disposition du maréchal de Raguse, tandis que de son côté le général Pajol se présentait aux députés pour prendre le commandement de la garde nationale.

Les ministres eurent l'idée de convoquer la cour royale aux Tuileries, tant ils vivaient hors du moment où ils se trouvaient! Le maréchal pressait le président

du conseil de rappeler les ordonnances. Pendant leur
entretien, on demande M. de Polignac; il sort et rentre avec M. Berthier, fils de la première victime sacri-
fiée en 1789. Celui-ci, ayant parcouru Paris, affir-
mait que tout allait au mieux pour la cause royale:
c'est une chose fatale que ces races qui ont droit à
la vengeance, jetées à la tombe dans nos premiers troubles, et évoquées par nos derniers malheurs. Ces malheurs n'étaient plus des nouveautés; depuis 1793, Paris était accoutumé à voir passer les événements et les
rois.

Tandis que, au rapport des royalistes, tout allait si
bien, on annonce la défection du 5e et du 53e de ligne
qui fraternisaient avec le peuple.

Le duc de Raguse fit proposer une suspension d'armes: elle eut lieu sur quelques points et ne fut pas
exécutée sur d'autres. Le maréchal avait envoyé chercher un des deux bataillons suisses stationnés dans le
Louvre. On lui dépêcha celui des deux bataillons qui
garnissait la colonnade. Les Parisiens, voyant cette colonnade déserte, se rapprochèrent des murs et entrèrent, par les fausses portes qui conduisent du jardin de
l'Infante dans l'intérieur; ils gagnèrent les croisées et
firent feu sur le bataillon arrêté dans la cour. Sous la
terreur du souvenir du 10 août, les Suisses se ruèrent
du palais et se jetèrent dans leur troisième bataillon
placé en présence des postes parisiens, mais avec lesquels la suspension d'armes était observée. Le peuple,

qui du Louvre avait atteint la galerie du Musée, commença de tirer du milieu des chefs-d'œuvre sur les lanciers alignés au Carrousel. Les postes parisiens, entraînés par cet exemple, rompirent la suspension d'armes. Précipités sous l'Arc-de-Triomphe, les Suisses poussent les lanciers au portique du pavillon de l'Horloge et débouchent pêle-mêle dans le jardin des Tuileries. Le jeune Farcy fut frappé à mort dans cette échauffourée : son nom est inscrit au coin du café où il est tombé ; une manufacture de betteraves existe aujourd'hui aux Thermopyles. Les Suisses eurent trois ou quatre soldats tués et blessés : ce peu de morts s'est changé en une effroyable boucherie.

Le peuple entra dans les Tuileries avec MM. Thomas, Bastide, Guinard, par le guichet du Pont-Royal. Un drapeau tricolore fut planté sur le pavillon de l'Horloge, comme au temps de Bonaparte, apparemment en mémoire de la liberté. Des meubles furent déchirés, des tableaux hachés de coups de sabre ; on trouva dans des armoires le journal des chasses du Roi et les beaux coups exécutés contre les perdrix : vieil usage des gardes-chasse de la monarchie. On plaça un cadavre sur le trône vide, dans la salle du Trône : cela serait formidable si les Français, aujourd'hui, ne jouaient continuellement au drame. Le musée d'artillerie, à Saint-Thomas-d'Aquin, était pillé, et les siècles passaient le long du fleuve, sous le casque de Godefroi de Bouillon, et avec la lancé de François Ier.

Alors le duc de Raguse quitta le quartier général, abandonnant cent vingt mille francs en sacs. Il sortit par la rue de Rivoli et rentra dans le jardin des Tuileries. Il donna l'ordre aux troupes de se retirer, d'abord aux Champs-Élysées, et ensuite jusqu'à l'Étoile. On crut que la paix était faite, que le Dauphin arrivait; on vit quelques voitures des écuries et un fourgon traverser la place Louis XV: c'étaient les ministres s'en allant après leurs œuvres.

Arrivé à l'Étoile, Marmont reçut une lettre: elle lui annonçait que le Roi avait donné à M. le Dauphin le commandement en chef des troupes, et que lui, maréchal, servirait sous ses ordres.

Une compagnie du 3ᵉ de la garde avait été oubliée dans la maison d'un chapelier, rue de Rohan; après une longue résistance, la maison fut emportée. Le capitaine Meunier, atteint de trois coups de feu, sauta de la fenêtre d'un troisième étage, tomba sur un toit au-dessous, et fut transporté à l'hôpital du Gros-Caillou: il a survécu. La caserne Babylone, assaillie entre midi et une heure par trois élèves de l'École polytechnique, Vanneau, Lacroix et d'Ouvrier, n'était gardée que par un dépôt de recrues suisses d'environ une centaine d'hommes; le major Dufay, Français d'origine, les commandait: depuis trente ans il servait parmi nous; il avait été acteur dans les hauts faits de la République et de l'Empire. Sommé de se rendre, il refusa toute condition et s'enferma dans la caserne. Le jeune Vanneau périt.

Des sapeurs-pompiers mirent le feu à la porte de la caserne; la porte s'écroula ; aussitôt, par cette bouche enflammée, sort le major Dufay, suivi de ses montagnards, baïonnette en avant; il tombe atteint de la mousquetade d'un cabaretier voisin : sa mort protégea ses recrues suisses; ils rejoignirent les différentes corps auxquels ils appartenaient.

Journée civile du 29 juillet. — M. Baude, M. de Choiseul, M. de Sémonville, M. de Vitrolles, M. Laffitte et M. Thiers.

M. le duc de Mortemart était arrivé à Saint-Cloud le mercredi 28, à dix heures du soir, pour prendre son service comme capitaine des cent-suisses: il ne put parler au Roi que le lendemain. A onze heures, le 29, il fit quelques tentatives auprès de Charles X, afin de l'engager à rappeler les ordonnances; le Roi lui dit: « Je ne veux « pas monter en charrette comme mon frère; je ne re- « culerai pas d'un pied. » Quelques minutes après, il allait reculer d'un royaume.

Les ministres étaient arrivés: MM. de Sémonville, d'Argout, Vitrolles, se trouvaient là. M. de Sémonville raconte qu'il eut une longue conversation avec le Roi; qu'il ne parvint à l'*ébranler dans sa résolution qu'après avoir passé par son cœur en lui parlant des dangers de madame la Dauphine.* « Il lui dit: Demain, à midi, il n'y « aura plus ni roi, ni dauphin, ni duc de Bourdeaux. » Et le Roi lui répondit: « Vous me donnerez bien jusqu'à « une heure. » Je ne crois pas un mot de tout cela. La hâblerie est notre défaut: interrogez un Français et fiez-vous à ses récits, il aura toujours tout fait. Les ministres entrèrent chez le Roi après M. de Sémonville; les ordonnances furent rapportées, le ministère dissous, M. de Mortemart nommé président du nouveau conseil.

Dans la capitale, le parti républicain venait enfin de déterrer un gîte. M. Baude (l'homme de la parade des bureaux du *Temps*), en courant les rues, n'avait trouvé l'Hôtel-de-Ville occupé que par deux hommes, M. Dubourg et M. Zimmer. Il se dit aussitôt l'envoyé d'un *gouvernement provisoire* qui s'allait venir installer. Il fit appeler les employés de la Préfecture; il leur ordonna de se mettre au travail, comme si M. de Chabrol était présent. Dans les gouvernements devenus machines, les poids sont bientôt remontés; chacun accourt pour se nantir des places délaissées: qui se fit secrétaire général, qui chef de division, qui se donna la comptabilité, qui se nomma au personnel et distribua ce personnel entre ses amis; il y en eut qui firent apporter leur lit afin de ne pas désemparer, et d'être à même de sauter sur la place qui viendrait à vaquer. M. Dubourg, surnommé le-général, et M. Zimmer, étaient censés les chefs de la partie *militaire* du *gouvernement provisoire*. M. Baude, représentant le *civil* de ce gouvernement inconnu, prit des arrêtés et fit des proclamations. Cependant on avait vu des affiches provenant du parti républicain, et portant création d'un autre gouvernement, composé de MM. de La Fayette, Gérard et Choiseul. On ne s'explique guère l'association du dernier nom avec les deux autres; aussi M. de Choiseul a-t-il protesté. Ce vieillard libéral, qui, pour faire le vivant, se tenait raide comme un mort, émigré et naufragé à Calais, ne retrouva pour foyer paternel, en rentrant en France, qu'une loge à l'Opéra.

A trois heures du soir, nouvelle confusion. Un ordre du jour convoqua les députés réunis à Paris, à l'Hôtel-de-Ville, pour y conférer sur les mesures à prendre. Les maires devaient être rendus à leurs mairies; ils devaient aussi envoyer un de leurs adjoints à l'Hôtel-de-Ville, afin d'y composer une *commission consultative*. Cet ordre du jour était signé: *J. Baude,* pour le *gouvernement provisoire,* et le colonel *Zimmer, par ordre du général Dubourg.* Cette audace de trois personnes, qui parlent au nom d'un gouvernement qui n'existait qu'affiché par lui-même au coin des rues, prouve la rare intelligence des Français en révolution: de pareils hommes sont évidemment les chefs destinés à mener les autres peuples. Quel malheur qu'en nous délivrant d'une pareille anarchie, Bonaparte nous eût ravi la liberté!

Les députés s'étaient rassemblés chez M. Laffitte. M. de La Fayette, reprenant 1789, déclara qu'il reprenait aussi

le commandement de la garde nationale. On applaudit,
et il se rendit à l'Hôtel-de-Ville. Les députés nommèrent
une *commission* municipale composée de cinq membres,
MM. Casimir Périer, Laffitte, de Lobau, de Schonen et
Audry de Puyraveau. M. Odilon Barrot fut élu secrétaire de cette commission, qui s'installa à l'Hôtel-de-Ville
comme avait fait M. de la Fayette. Tout cela siégea pêle-mêle auprès du gouvernement provisoire de M. Dubourg. M. Mauguin, envoyé en mission vers la *commission*, resta avec elle. L'ami de Washington fit enlever le
drapeau noir arboré sur l'Hôtel-de-Ville par l'invention
de M. Dubourg.

A huit heures et demie du soir débarquèrent de Saint-
Cloud M. de Sémonville, M. d'Argout et M. de Vitrolles.
Aussitôt qu'ils avaient appris à Saint-Cloud le rappel des
ordonnances, le renvoi des anciens ministres, et la nomination de M. de Mortemart à la présidence du conseil,
ils étaient accourus à Paris. Ils se présentèrent en qualité de mandataires du Roi devant la commission municipale. M. Mauguin demanda au grand référendaire s'il
avait des pouvoirs écrits; le grand référendaire répondit *qu'il n'y avait pas pensé.* La négociation des officieux
commissaires finit là.

Instruit à la réunion Laffitte de ce qui s'était fait à
Saint-Cloud, M. Laffitte signa un laisser-passer pour M. de
Mortemart, ajoutant que les députés assemblés chez lui
l'attendraient jusqu'à une heure du matin. Le noble duc
n'étant pas arrivé, les députés se retirèrent.

M. Laffitte, resté seul avec M. Thiers s'occupa du duc d'Orléans et des proclamations à faire. Cinquante ans de révolution en France avaient donné aux hommes de pratique la facilité de réorganiser des gouvernements, et aux hommes de théorie l'habitude de ressemeler des chartes, de préparer les machines et les bers avec lesquels s'enlèvent et sur lesquels glissent ces gouvernements.

J'écris au roi à Saint-Cloud ; sa réponse verbale. — Corps
aristocratiques. — Pillage de la maison des missionnaires, rue d'Enfer.

Cette journée du 29, lendemain de mon retour à Paris, ne fut pas pour moi sans occupation. Mon plan était
arrêté : je voulais agir, mais je ne le voulais que sur un
ordre écrit de la main du Roi, et qui me donnât les pouvoirs nécessaires pour parler aux autorités du moment;
me mêler de tout et ne rien faire ne me convenait pas. J'a-
vais raisonné juste, témoin l'affront essuyé par MM. d'Argout, Sémonville et Vitrolles.

J'écrivis donc à Charles X à Saint-Cloud. M. de Givré
se chargea de porter ma lettre. Je priais le Roi de m'ins-
truire de sa volonté. M. de Givré revint les mains vides.
Il avait remis ma lettre à M. le duc de Duras, qui l'avait

remise au Roi, lequel me faisait répondre qu'il avait nommé M. de Mortemart son premier ministre, et qu'il m'invitait à m'entendre avec lui. Le noble duc, où le trouver? Je le cherchai vainement le 29 au soir.

Repoussé de Charles X, ma pensée se porta vers la Chambre des pairs; elle pouvait, en qualité de cour souveraine évoquer le procès et juger le différend. S'il n'y avait pas sûreté pour elle dans Paris, elle était libre de se transporter à quelque distance, même auprès du Roi, et de prononcer de là un grand arbitrage. Elle avait des chances de succès; il y en a toujours dans le courage. Après tout, en succombant, elle aurait subi une défaite utile aux principes. Mais aurais-je trouvé dans cette Chambre vingt hommes, prêts à se dévouer? Sur ces vingt hommes y en avait-il quatre qui fussent d'accord avec moi sur les libertés publiques?

Les assemblées aristocratiques règnent glorieusement lorsqu'elles sont souveraines et seules investies de droit et de fait de la puissance: elles offrent les plus fortes garanties; mais, dans les gouvernements mixtes, elles perdent leur valeur et sont misérables quand arrivent les grandes crises... Faibles contre le Roi, elles n'empêchent pas le despotisme; faibles contre le peuple, elles ne préviennent pas l'anarchie. Dans les commotions publiques, elles ne rachètent leur existence qu'au prix de leurs parjures ou de leur esclavage. La Chambre des lords sauva-t-elle Charles Ier? Sauva-t-elle Richard Crômwell, auquel elle avait prêté serment? Sauva-t-elle Jac-

ques II? Sauvera-t-elle aujourd'hui les princes de Hano-
vre? Se sauvera-t-elle elle-même? Ces prétendus contre-
poids aristocratiques ne font qu'embarrasser la balance
et seront jetés tôt ou tard hors du bassin. Une aristo-
cratie ancienne et opulente, ayant l'habitude des affaires, n'a qu'un moyen de garder le pouvoir quand il lui
échappe: c'est de passer du Capitole au Forum, et de se
placer à la tête du nouveau mouvement, à moins qu'elle
ne se croie encore assez forte pour risquer la guerre civile.

Pendant que j'attendais le retour de M. de Givré, je
fus assez occupé à défendre mon quartier. La banlieue
et les carriers de Montrouge affluaient par la barrière
d'Enfer. Les derniers ressemblaient à ces carriers de
Montmartre qui causèrent de si grandes alarmes à mademoiselle de Mornay lorsqu'elle fuyait les massacres
de la Saint-Barthélemy. En passant devant la commu-
nauté des missionnaires, située dans ma rue, ils y entrèrent: une vingtaine de prêtres furent obligés de se
sauver; le repaire de ces fanatiques fut philosophique-
ment pillé, leurs lits et leurs livres brûlés dans la rue.
On n'a point parlé de cette misère. Avait-on à s'embarrasser de ce que la prêtraille pouvait avoir perdu? Je
donnai l'hospitalité à sept ou huit fugitifs; ils restèrent
plusieurs jours cachés sous mon toit. Je leur obtins des
passe-ports par l'intermédiaire de mon voisin M. Arago,
et ils allèrent ailleurs prêcher la parole de Dieu: « La
fuite des saints a souvent été utile aux peuples, *utilis
populis fuga sanctorum.*

4

Chambre des députés. — M. de Mortemart.

La commission municipale, établie à l'Hôtel-de-Ville, nomma le baron Louis commissaire provisoire aux finances, M. Baude à l'intérieur, M. Mérilhou à la justice, M. Chardel aux postes, M. Marchal au télégraphe, M. Bavoux à la police, M. de la Borde à la Préfecture de la Seine. Ainsi le gouvernement provisoire *volontaire* se trouva détruit en réalité par la promotion de M. Baude, qui s'était créé membre de ce gouvernement. Les boutiques se rouvrirent ; les services publics reprirent leur cours.

Dans la réunion chez M. Laffitte il avait été décidé que les députés s'assembleraient à midi, au palais de la

Chambre : ils s'y trouvèrent réunis au nombre de trente ou trente cinq, présidés par M. Laffitte. M. Bérard annonça qu'il avait rencontré MM. d'Argout, de Forbin-Janson et de Mortemart, qui se rendaient chez M. Laffitte, croyant y trouver les députés ; qu'il avait invité ces messieurs à le suivre à la Chambre ; mais que M. le duc de Mortemart, accablé de fatigue, s'était retiré pour aller voir M. de Sémonville. M. de Mortemart, selon M. Bérard, avait dit qu'il avait un blanc-seing et que le Roi consentait à tout.

En effet, M. de Mortemart apportait cinq ordonnances : au lieu de les communiquer d'abord aux députés, sa lassitude l'obligea de rétrograder jusqu'au Luxembourg. A midi, il envoya les ordonnances à M. Sauvo ; celui-ci répondit qu'il ne les pouvait publier dans le *Moniteur* sans l'autorisation de la Chambre des députés ou de la commission municipale.

M. Bérard s'étant expliqué, comme je viens de le dire, à la Chambre, une discussion s'éleva pour savoir si l'on recevrait ou si l'on ne recevrait pas M. de Mortemart. Le général Sebastiani insista pour l'affirmative ; M. Mauguin déclara que, si M. de Mortemart était présent, il demanderait qu'il fût entendu, mais que les événements pressaient et que l'on ne pouvait pas dépendre du bon plaisir de M. de Mortemart.

On nomma cinq commissaires chargés d'aller conférer avec les pairs : ces cinq commissaires furent MM. Augustin Périer, Sebastiani, Guizot, Benjamin Delessert et Hyde de Neuville.

Mais bientôt le comte de Sussy fut introduit dans la chambre élective. M. de Mortemart l'avait chargé de présenter les ordonnances aux députés. S'adressant à l'assemblée, il lui dit : « En l'absence de M. le chancelier, « quelques pairs, en petit nombre, étaient réunis chez « moi ; M. le duc de Mortemart nous a remis la lettre « ci-jointe, adressée à M. le général Gérard ou à M. Casimir Périer. Je vous demande la permission de vous « la communiquer. » Voici la lettre : « Monsieur, parti « de Saint-Cloud dans la nuit, je cherche vainement à « vous rencontrer. Veuillez me dire où je pourrai vous « voir. Je vous prie de donner connaissance des ordonnances dont je suis porteur depuis hier. »

M. le duc de Mortemart était parti dans la nuit de Saint-Cloud ; il avait les ordonnances dans sa poche depuis douze ou quinze heures, *depuis hier*, selon son expression ; il n'avait pu rencontrer ni le général Gérard, ni M. Casimir Périer : M. de Mortemart était bien malheureux ! M. Bérard fit l'observation suivante sur la lettre communiquée :

« Je ne puis, dit-il, m'empêcher de signaler ici un « manque de franchise : M. de Mortemart, qui se rendait ce matin chez M. Laffitte lorsque je l'ai rencontré, m'a formellement dit qu'il viendrait ici. »

Les cinq ordonnances furent lues. La première rappelait les ordonnances du 25 juillet, la seconde convoquait les Chambres pour le 3 août, la troisième nommait M. de Mortemart ministre des affaires étrangères et pré-

sident du conseil, la quatrième appelait le général Gé-
'rard au ministère de la guerre, la cinquième M. Casimir
Périer au ministère des finances. Lorsque je trouvai enfin M. de Mortemart chez le grand référendaire, il m'as-
sura qu'il avait été obligé de rester chez M. de Sémonville, parce qu'étant revenu à pied de Saint-Cloud, il s'é-
tait vu forcé de faire un détour et de pénétrer dans le
bois de Boulogne par une brèche: sa botte ou son sou-
lier lui avait écorché le talou. Il est à regretter qu'avant
de produire les actes du trône, M. de Mortemart n'ait
pas essayé de voir les hommes influents et de les incli-
ner' à la cause royale. Ces actes tombant tout à coup au
milieu de députés non prévenus, personne n'osa se dé-
clarer. On s'attira cette terrible réponse de Benjamin
Constant: « Nous savons d'avance ce que la Chambre
« des pairs nous dira : elle acceptera purement et sim-
« plement la révocation des ordonnances. Quant à moi,
« je ne me prononce pas positivement sur la question de
« dynastie; je dirai seulement qu'il serait trop commode
« pour un roi de faire mitrailler son peuple, et d'en être
« quitte pour dire ensuite: *Il n'y a rien de fait.* »
Benjamin Constant, qui ne se prononçait pas *positivement sur la question de dynastie*, aurait-il terminé sa
phrase de la même manière si on lui eût fait entendre
auparavant des paroles convenables à ses talents et à sa
juste ambition? Je plains sincèrement un homme de courage et d'honneur, comme M. de Mortemart, quand je
viens à penser que la monarchie légitime a peut-être été

renversée parce que le ministre chargé des pouvoirs du
Roi n'a pu rencontrer dans Paris deux députés, et que,
fatigué d'avoir fait trois lieues à pied, il s'est écorché le
talon. L'ordonnance de nomination à l'ambassade de
Saint-Pétersbourg a remplacé pour M. de Mortemart les
ordonnances de son vieux maître. Ah! comment ai-je refusé à Louis-Philippe d'être son ministre des affaires étrangères ou de reprendre ma bien-aimée ambassade de Rome? Mais, hélas! de *ma bien-aimée*, qu'en eussé-je fait
au bord du Tibre? J'aurais toujours cru qu'elle me regardait en rougissant.

Course dans Paris. — Le général Dubourg. — Cérémonie funèbre sous les colonnades du Louvre. — Les jeunes gens me rapportent à la Chambre des pairs.

Le 30 au matin, ayant reçu le billet du grand référendaire qui m'invitait à la réunion des Pairs, au Luxembourg, je voulus apprendre auparavant quelques nouvelles. Je descendis par la rue d'Enfer, la place Saint-Michel et la rue Dauphine. Il y avait encore un peu d'émotion autour des barricades ébréchées. Je comparais ce que je voyais au grand mouvement révolutionnaire de 1789, et cela me semblait de l'ordre et du silence: le changement des mœurs était visible.

Au Pont-Neuf, la statue d'Henri IV tenait à la main, comme un guidon de la Ligue, un drapeau tricolore. Des hommes du peuple disaient en regardant le roi de

bronze: « Tu n'aurais pas fait cette bêtise-là, mon vieux. »
Des groupes étaient rassemblés sur le quai de l'École;
j'aperçois de loin un général accompagné de deux aides
de camp également à cheval. Je m'avançai de ce côté.
Comme je fendais la foule, mes yeux se portaient sur le
général: ceinture tricolore par-dessus son habit, chapeau
de travers renversé en arrière, corne en avant. Il m'a-
vise à son tour et s'écrie: « Tiens, le vicomte! » Et moi,
surpris, je reconnais le colonel ou capitaine Dubourg,
mon compagnon de Gand, lequel allait pendant notre
retour à Paris prendre les villes ouvertes au nom de
Louis XVIII, et nous apportait, ainsi que je vous l'ai raconté, la moitié d'un mouton pour dîner dans un bouge,
à Arnouville. C'est cet officier que les journaux avaient
représenté comme un austère soldat républicain à moustaches grises, lequel n'avait pas voulu servir sous la
tyrannie impériale, et qui était si pauvre qu'on avait été
obligé de lui acheter à la friperie un uniforme râpé du
temps de La Réveillère-Lepaux. Et moi de m'écrier: « Eh!
c'est vous! comment... » Il me tend les bras, me serre
la main sur le cou de Flanquine: on fit cercle: « Mon
cher, me dit à haute voix le chef militaire du gouvernement provisoire, en me montrant le Louvre, ils étaient
là-dedans douze cents: nous leur en avons flanqué des
pruneaux dans le derrière! et de courir, et de courir!...
« Les aides de camp de M. Dubourg éclatent en gros rires;
et la tourbe de rire à l'unisson, et le général de piquer sa
mazette qui caracolait comme une bête éreintée, suivie

de deux autres Rossinantes glissant sur le pavé et prê-
tes à tomber sur le nez entre les jambes de leurs cava-
liers.

Ainsi, superbement emporté, m'abandonna le Diomède
de l'Hôtel-de-Ville, brave d'ailleurs et spirituel. J'ai vu
des hommes qui, prenant au sérieux toutes les scènes
de 1830, rougissaient à ce récit, parce qu'il déjouait un
peu leur héroïque crédulité. J'étais moi-même honteux
en voyant le côté comique des révolutions les plus gra-
vés et de quelle manière on peut se moquer de la bonne
foi du peuple.

M. Louis Blanc, dans le premier volume de son excel-
lente *Histoire de dix ans*, publiée après ce que je viens
d'écrire ici, confirme mon récit : « Un homme, dit-il, d'une
« taille moyenne, d'une figure énergique, traversait, en
« uniforme de général et suivi par un grand nombre
« d'hommes armés, le marché des Innocents, C'était de
« M. Évariste Dumoulin, rédacteur du *Constitutionnel*,
« que cet homme avait reçu son uniforme, pris chez un
« fripier; et les épaulettes qu'il portait lui avaient été
« données par l'acteur Perlet; elles venaient du maga-
« sin de l'Opéra-Comique. Quel est ce général? deman-
« dait-on de toutes parts. Et quand ceux qui l'entou-
« raient avaient répondu : « C'est le général Dubourg, »
« Vive le général Dubourg! criait le peuple, devant qui
« ce nom n'avait jamais retenti [1]. »

[1] J'ai reçu, le 9 janvier de cette année 1841, une lettre de M. Dubourg; on y lit ces phrases: « Combien j'ai désiré vous voir depuis

Un autre spectacle m'attendait à quelques pas de là:
une fosse était creusée devant la colonnade du Louvre;
un prêtre, en surplis et en étole, disait des prières au
bord de cette fosse: on y déposait les morts. Je me dé-
couvris et fis le signe de la croix. La foule silencieuse
regardait avec respect cette cérémonie, qui n'eût rien
été si la religion n'y avait comparu. Tant de souvenirs
et de réflexions s'offraient à moi, que je restais dans une
complète immobilité. Tout à coup je me sens pressé; un
cri part: « Vive le défenseur de la liberté de la presse! »
Mes cheveux m'avaient fait reconnaître. Aussitôt des jeunes gens me saisissent et me disent: « Où allez-vous?
nous allons vous porter. » Je ne savais que répondre; je
remerciais; je me débattais; je suppliais de me laisser
aller. L'heure de la réunion à la Chambre des pairs

« notre rencontre sur le quai du Louvre! combien de fois j'ai désiré
« verser dans votre sein les chagrins qui déchiraient mon ame! qu'on
« est malheureux d'aimer avec passion son pays, son honneur, son bon-
« heur, sa gloire, quand l'on vit à une telle époque! . . . . . .

« Avais-je tort, en 1830, de ne pas vouloir me soumettre à ce que
« l'on faisait? Je voyais clairement l'avenir odieux que l'on préparait
« à la France; j'expliquais comment le mal seul pouvait surgir d'ar-
« rangements politiques aussi frauduleux: mais personne né me com-
« prenait. »

Le 5 juillet de cette même année 1841, M. Dubourg m'écrivait encore pour m'envoyer le brouillon d'une note qu'il adressait en 1828 à
MM. de Martignac et de Caux pour les engager à me faire entrer au
conseil. Je n'ai donc rien avancé sur M. Dubourg qui ne soit de la
plus exacte vérité. (Paris, note de 1841.)

n'était pas encore arrivée. Les jeunes gens ne cessaient de crier: « Où allez-vous! où allez-vous? » Je répondis au hasard: « Eh bien, au Palais-Royal! » Aussitôt j'y suis conduit aux cris de: Vive la Charte! vive la liberté de la presse! vive Châteaubriand! Dans la cour des Fontaines, M. Barba, le libraire, sortit de sa maison et vint m'embrasser.

Nous arrivons au Palais Royal; on me bouscule dans un café sous la galerie de bois. Je mourais de chaud. Je réitère à mains jointes ma demande en rémission de ma gloire: point, toute cette jeunesse refuse de me lâcher. Il y avait dans la foule un homme en veste à manches retroussées, à mains noires, à figure sinistre, aux yeux ardents, tel que j'en avais tant vu au commencement de la révolution: il essayait continuellement de s'approcher de moi, et les jeunes gens le repoussaient toujours. Je n'ai su ni son nom ni ce qu'il me voulait.

Il fallut me résoudre à dire enfin que j'allais à la Chambre des pairs. Nous quittâmes le café; les acclamations recommencèrent. Dans la cour du Louvre diverses espèces de cris se firent entendre: on disait: « Aux Tuileries! aux Tuileries! » les autres: « Vive le premier consul! » et semblaient vouloir me faire l'héritier de Bonaparte républicain. Hyacinthe, qui m'accompagnait, recevait sa part des poignées de main et des embrassades. Nous traversâmes le pont des Arts et nous prîmes la rue de Seine. On accourait sur notre passage; on se mettait aux fenêtres. Je souffrais de tant d'honneurs, car on

m'arrachait les bras. Un des jeunes gens qui me poussaient par derrière passa tout à coup sa tête entre mes
jambes et m'enleva sur ses épaules. Nouvelles acclamations: on criait aux spectateurs dans la rue et aux fenêtres: « A bas les chapeaux! vive la Charte! » et moi
je répliquais: « Oui, messieurs, vive la Charte! mais vive
le Roi! » On ne répétait pas ce cri, mais il ne provoquait
aucune colère. Et voilà comme la partie était perdue!
Tout pouvait encore s'arranger, mais il ne fallait présenter au peuple que des hommes populaires: dans les
révolutions, un nom fait plus qu'une armée.

Je suppliai tant mes jeunes amis qu'ils me mirent
enfin à terre. Dans la rue de Seine, en face de mon libraire, M. Le Normant, un tapissier offrit un fauteuil pour
me porter; je le refusai et j'arrivai au milieu de mon
triomphe dans la cour d'honneur du Luxembourg. Ma
généreuse escorte me quitta alors après avoir poussé de
nouveaux cris de *Vive la Charte! vive Chateaubriand!*
J'étais touché des sentiments de cette noble jeunesse:
j'avais crié *vive le Roi* au milieu d'elle, tout aussi en
sûreté que si j'eusse été seul enfermé dans ma maison;
elle connaissait mes opinions; elle m'amenait elle-même
à la Chambre des pairs où elle savait que j'allais parler
et rester fidèle à mon Roi; et pourtant c'était le 30 juillet, et nous venions de passer près de la fosse dans laquelle on ensevelissait les citoyens tués par les balles
des soldats de Charles X!

Réunion des pairs.

Le bruit que je laissais en dehors contrastait avec le silence qui régnait dans le vestibule du palais du Luxembourg. Ce silence augmenta dans la galerie sombre qui précède les salons de M. de Sémonville. Ma présence gêna les vingt-cinq ou trente pairs qui s'y trouvaient rassemblés : j'empêchais les douces effusions de la peur, la tendre consternation à laquelle on se livrait. Ce fut là que je vis enfin M. de Mortemart. Je lui dis que, d'après le désir du Roi, j'étais prêt à m'entendre avec lui. Il me répondit, comme je l'ai déjà rapporté, qu'en revenant, il s'était écorché le talon : il rentra dans le flot de l'Assemblée. Il nous donna connaissance des ordonnances

comme il les avait fait communiquer aux députés par
M. de Sussy. M. de Broglie déclara qu'il venait de parcourir Paris; que nous étions sur un volcan; que les
bourgeois ne pouvaient plus contenir leurs ouvriers; que
si le nom de Charles X était seulement prononcé, on
nous couperait la gorge à tous, et qu'on démolirait le
Luxembourg comme on avait démoli la Bastille: « C'est
vrai! c'est vrai! » murmuraient d'une voix sourde les
prudents, en secouant la tête. M. de Caraman, qu'on avait
fait duc, apparemment parce qu'il avait été valet de M. de
Metternich, soutenait avec chaleur qu'on ne pouvait
reconnaître les ordonnances: « Pourquoi donc, lui dis-je,
monsieur? » Cette froide question glaça sa verve.

Arrivent les cinq députés commissaires. M. le général
Sebastiani débute par sa phrase accoutumée: Messieurs,
c'est une grosse affaire. » Ensuite il fait l'éloge de la
haute modération de M. le duc de Mortemart; il parle
des dangers de Paris, prononce quelques mots à la louan-
ge de S. A. R. monseigneur le duc d'Orléans, et conclut
à l'impossibilité de s'occuper des ordonnances. Moi et
M. Hyde de Neuville, nous fûmes les seuls d'un avis con-
traire. J'obtins la parole: « M. le duc de Broglie nous a
« dit, messieurs, qu'il s'est promené dans les rues, et
« qu'il a vu partout des dispositions hostiles: je viens
« aussi de parcourir Paris, trois mille jeunes gens m'ont
« rapporté dans la cour de ce palais; vous avez pu en-
« tendre leurs cris; ont-ils soif de votre sang ceux qui
« ont ainsi salué l'un de vos collègues? Ils ont crié *Vive*

« *la Charte!* j'ai repondu *Vive le Roi!* ils n'ont témoigné
« aucune colère et sont venus me déposer sain et sauf
« au milieu de vous. Sont-ce là des symptômes si me-
« naçants de l'opinion publique? Je soutiens, moi, que
« rien n'est perdu, que nous pouvons accepter les or-
« donnances. La question n'est pas de considérer s'il y
« a péril ou non, mais de garder les serments que nous
« avons prêtés à ce Roi dont nous tenons nos dignités,
« et plusieurs d'entre nous leur fortune. Sa Majesté, en
« retirant les ordonnances et en changeant son minis-
« tère, a fait tout ce qu'elle a dû; faisons à notre tour
« ce que nous devons. Comment? dans tout le cours de
« notre vie, il se présente un seul jour où nous sommes
« obligés de descendre sur le champ de bataille, et nous
« n'accepterions pas le combat? Donnons à la France
« l'exemple de l'honneur et de la loyauté; empêchons-
« la de tomber dans des combinaisons anarchiques où
« sa paix, ses intérêts réels et ses libertés iraient se
« perdre: le péril s'évanouit quand on ose le regarder. »

On ne me répondit point; on se hâta de lever la séance.
Il y avait une impatience de parjure dans cette assemblée que poussait une peur intrépide; chacun voulait
sauver sa guenille de vie, comme si le temps n'allait pas,
dès demain, nous arracher nos vieilles peaux, dont un
juif bien avisé n'aurait pas donné une obole.

Les républicains. — Les orléanistes. — M. Thiers est envoyé à Neuilly. — Convocation des pairs chez le grand
référendaire : la lettre m'arrive trop tard.

Les trois partis commençaient à se dessiner et à agir
les uns contre les autres : les députés qui voulaient la
monarchie par la branche aînée étaient les plus forts lé-
galement ; ils ralliaient à eux tout ce qui tendait à l'ordre ; mais, moralement, ils étaient les plus faibles : ils
hésitaient, ils ne se prononçaient pas : il devenait manifeste, par la tergiversation de la cour, qu'ils tombe-
raient dans l'usurpation plutôt que de se voir engloutis
dans la république.

Celle-ci fit afficher un placard qui disait : « La France
« est libre. Elle n'accorde au gouvernement provisoire
« que le droit de la consulter, en attendant qu'elle ait

« .exprimé sa volonté par de nouvelles élections. Plus de
« royauté. Le pouvoir exécutif confié à un président tem-
« poraire. Concours médiat ou immédiat de tous les ci-
« toyens à l'élection des députés. Liberté des cultes. »

Ce placard résumait les seules choses justes dans l'o-
pinion républicaine ; une nouvelle assemblée de députés
aurait décidé s'il était bon ou mauvais de céder à ce
vœu, *plus de royauté;* chacun aurait plaidé sa cause,
et l'élection d'un gouvernement quelconque par un congrès national eût eu le caractère de la légalité.

Sur une autre affiche républicaine du même jour, 30
juillet, on lisait en grosses lettres: « Plus de Bourbons...
Tout est là, grandeur, repos, prospérité publique, liberté. »

Enfin parut une adresse à MM. les membres de la
commission municipale composant un gouvernement provisoire; elle demandait: « Qu'aucune proclamation ne
« fût faite pour désigner un chef, lorsque la forme même
« du gouvernement ne pouvait être encore déterminée:
« que le gouvernement provisoire restât en permanence
« jusqu'à ce que le vœu de la majorité des Français pût
« être connu ; toute autre mesure était intempestive et
« coupable. »

Cette adresse émanant des membres d'une commission
nommée par un grand nombre de citoyens de divers arrondissements de Paris, était signée par MM. Chevalier,
président, Trélat, Teste, Lepelletier, Guinard, Hingray,
Cauchois-Lemaire, etc.

Dans cette réunion populaire, on proposait de remettre par acclamation la présidence de la République à M. de La Fayette; on s'appuyait sur les principes que la Chambre des représentants de 1815 avait proclamés en se séparant. Divers imprimeurs refusèrent de publier ces proclamations, disant que défense leur en était faite par M. le duc de Broglie. La république jetait par terre le trône de Charles X; elle craignait les inhibitions de M. de Broglie, lequel n'avait aucun caractère.

Je vous ai dit que, dans la nuit du 29 au 30, M. Laffitte avec MM. Thiers et Mignet avaient tout préparé pour attirer les yeux du public sur M. le duc d'Orléans. Le 30 parurent des proclamations et des adresses, fruit de ce conciliabule : « Évitons la République, » disaient-elles. Venaient ensuite les faits d'armes de Jemmapes et de Valmy, et l'on assurait que M. le duc d'Orléans n'était pas *Capet*, mais *Valois*.

Et cependant M. Thiers, envoyé par M. Laffitte, chevauchait vers Neuilly avec M. Scheffer : S. A. R. n'y était pas. Grands combats de paroles entre mademoiselle d'Orléans et M. Thiers. Il fut convenu qu'on écrirait à M. le duc d'Orléans pour le décider à se rallier à la révolution. M. Thiers écrivit lui-même un mot au prince, et madame Adélaïde promit de devancer sa famille à Paris. L'orléanisme avait fait des progrès, et dès le soir même de cette journée il fut question parmi les députés de conférer les pouvoirs de lieutenant général à M. le duc d'Orléans.

M. de Sussy, avec les ordonnances de Saint-Cloud, avait été encore moins bien reçu à l'Hôtel-de-Ville qu'à la Chambre des députés. Muni d'un *récépissé* de M. de La Fayette, il vint retrouver M. de Mortemart qui s'é-cria: « Vous m'avez sauvé plus que la vie; vous m'avez « sauvé l'honneur. »

La commission municipale fit une proclamation dans laquelle elle déclarait que *les crimes de son pouvoir* (de Charles X) *étaient finis* et que *le peuple aurait un gouvernement qui lui devrait* (au peuple) *son origine* : phrase ambiguë qu'on pouvait interpréter comme on voulait. MM. Laffitte et Périer ne signèrent point cet acte. M. de La Fayette, alarmé un peu tard de l'idée de la royauté orléaniste, envoya M. Odilon Barrot à la Chambre des députés annoncer que le peuple, auteur de la révolution de juillet, n'entendait pas la terminer par un simple changement de personnes, et que le sang versé valait bien quelques libertés. Il fut question d'une proclamation des députés afin d'inviter S. A. R. le duc d'Orléans à se rendre dans la capitale: après quelques communications avec l'Hôtel-de-Ville, ce projet de proclamation fut anéanti. On n'en tira pas moins au sort une députation de douze membres pour aller offrir au châtelain de Neuilly cette lieutenance générale qui n'avait pu trouver passage dans une proclamation.

Dans la soirée, M. le grand référendaire rassemble chez lui les pairs: sa lettre, soit négligence ou politique, m'arriva trop tard. Je me hâtai de courir au rendez-

vous; on m'ouvrit la grille de l'allée de l'Observatoire;
je traversai le jardin du Luxembourg: quand j'arrivai
au palais, je n'y trouvai personne. Je refis le chemin des
parterres les yeux attachés sur la lune. Je regrettais les
mers et les montagnes où elle m'était apparue, les forêts
dans la cime desquelles, se dérobant. elle-même en silence, elle avait l'air de me répéter la maxime d'Epicure:
« Cache ta vie. »

Saint-Cloud. — Scène : monsieur le Dauphin et le maréchal de Raguse.

J'ai laissé les troupes, le 29 au soir, se retirant sur Saint-Cloud. Les bourgeois de Chaillot et de Passy les attaquèrent, tuèrent un capitaine de carabiniers, deux oficiers, et blessèrent une dizaine de soldats. Le Motha, capitaine de la garde, fut frappé d'une balle par un enfant qu'il s'était plu à ménager. Ce capitaine avait donné sa démission au moment des ordonnances ; mais, voyant qu'on se battait le 27, il rentra dans son corps pour partager les dangers de ses camarades. Jamais, à la gloire de la France, il n'y eut un plus beau combat dans les partis opposés entre la liberté et l'honneur.

Les enfants, intrépides parce qu'ils ignorent le danger, ont joué un triste rôle dans les trois journées : à l'abri de leur faiblesse, ils tiraient à bout portant sur les officiers qui se seraient crus déshonorés en les repoussant. Les armes modernes mettent la mort à la disposition de la main la plus débile. Singes laids et étiolés, libertins avant d'avoir le pouvoir de l'être, cruels et pervers, ces petits héros des trois journées se livraient à des assassinats avec tout l'abandon de l'innocence. Donnons-nous garde, par des louanges imprudentes, de faire naître l'émulation du mal. Les enfants de Sparte allaient à la chasse aux ilotes.

Monsieur le Dauphin reçut les soldats à la porte du village de Boulogne, dans le bois, puis il rentra à Saint-Cloud.

Saint-Cloud était gardé par les quatre compagnies des gardes du corps. Le bataillon des élèves de Saint-Cyr était arrivé: en rivalité et en contraste avec l'École polytechnique, il avait embrassé la cause royale. Les troupes exténuées, qui venaient d'un combat de trois jours, ne causaient, par leurs blessures et leur délabrement, que de l'ébahissement aux domestiques titrés, dorés et repus qui mangeaient à la table du Roi. On ne songea point à couper les lignes télégraphiques; passaient librement sur la route courriers, voyageurs, malles-postes, diligences, avec le drapeau tricolore qui insurgeait les villages en les traversant. Les embauchages par le moyen de l'argent et des femmes commencèrent. Les proclamations de la commune de Paris étaient colportées çà et là. Le Roi et la cour ne se voulaient pas encore persuader qu'ils fussent en péril. Afin de prouver qu'ils méprisaient les gestes de quelques bourgeois mutinés, et qu'il n'y avait point de révolution, ils laissaient tout aller : le doigt de Dieu se voit dans tout cela.

A la tombée de la nuit du 30 juillet, à peu près à la même heure où la commission des députés partait pour Neuilly, un aide-major fit annoncer aux troupes que les ordonnances étaient rapportées. Les soldats crièrent : Vive le Roi ! et reprirent leur gaieté au bivouac ; mais cette annonce de l'aide-major, envoyé par le duc de Raguse, n'avait pas été communiquée au Dauphin, qui, grand amateur de discipline, entra en fureur. Le Roi dit au maréchal : « Le Dauphin est mécontent ; allez vous expli-
« quer avec lui. »

Le maréchal ne trouva point le Dauphin chez lui, et l'attendit dans la salle de billard avec le duc de Guiche et le duc de Ventadour, aides de camp du prince. Le Dauphin rentra : à l'aspect du maréchal, il rougit jusqu'aux yeux, traverse son antichambre avec ses grands pas si singuliers, arrive à son salon, et dit au maréchal : « Entrez ! » La porte se referme : un grand bruit se fait entendre ; l'élévation des voix s'accroît ; le duc de Ventadour, inquiet, ouvre la porte ; le maréchal sort, poursuivi par le Dauphin, qui l'appelle double traître. « Rendez votre épée ! rendez votre épée ! » et, se jetant sur lui, il lui arrache son épée. L'aide de camp du maréchal, M. Delarue, se veut précipiter entre lui et le Dauphin, il est retenu par M. de Montgascon ; le prince s'efforce de briser l'épée du maréchal et se coupe les mains. Il crie : « A moi, gardes du corps ! qu'on le sai- « sisse ! » Les gardes-du corps accoururent ; sans un mouvement de tête du maréchal, leurs baïonnettes l'au- raient atteint au visage. Le duc de Raguse est conduit aux arrêts dans son appartement.

Le roi arrangea tant bien que mal cette affaire, d'au- tant plus déplorable, que les acteurs n'inspiraient pas un grand intérêt. Lorsque le fils du Balafré occit Saint- Pol, maréchal de la Ligue, on reconnut dans ce coup d'épée la fierté et le sang des Guises ; mais quand mon- sieur le Dauphin, plus puissant seigneur qu'un prince de Lorraine, aurait pourfendu le maréchal Marmont, qu'est-ce que cela eût fait ? Si le maréchal eût tué mon- sieur le Dauphin, c'eût été seulement un peu plus sin- gulier. On verrait passer dans la rue César, descen- dant de Vénus, et Brutus, arrière-neveu de Junius, qu'on ne les regarderait pas. Rien n'est grand aujourd'hui, parce que rien n'est haut.

Voilà comme se dépensait à Saint-Cloud la dernière heure de la monarchie : cette pâle monarchie, défigurée et sanglante, ressemblait au portrait que nous fait d'Urfé d'un grand personnage expirant : « Il avait les yeux hâ- « ves et enfoncés ; la mâchoire inférieure, couverte seu- « lement d'un peu de peau, paraissait s'être retirée, la « barbe hérissée, le teint jaune, les regards lents, les « souffles abattus. De sa bouche il ne sortait déjà plus « de paroles humaines, mais des oracles. »

Neuilly. — M. le duc d'Orléans. — Le Raincy. — Le prince vient à Paris.

M. le duc d'Orléans avait eu, sa vie durant, pour le trône ce penchant que toute ame bien née sent pour le pouvoir. Ce penchant se modifie selon les caractères: impétueux et aspirant, mou et rampant; imprudent, ouvert, déclaré dans ceux-ci, circonspect, caché, honteux et bas dans ceux-là: l'un, pour s'élever, peut atteindre à tous les crimes; l'autre, pour monter, peut descendre à toutes les bassesses. M. le duc d'Orléans appartenait à cette dernière classe d'ambitieux. Suivez ce prince dans sa vie, il ne dit et ne fait jamais rien de complet, et laisse toujours une porte ouverte à l'évasion. Pendant la Restauration, il flatte la cour et encourage l'opinion libérale; Neuilly est le rendez-vous des mécontentements et des mécontents. On soupire, on se serre la main en levant les yeux au ciel, mais on ne prononce pas une parole assez significative pour être reportée en haut lieu. Un membre de l'opposition meurt-il, on envoie un carrosse au convoi, mais ce carrosse est vide; la livrée est admise à toutes les portes et à toutes les fosses. Si, au temps de mes disgrâces de cour, je me trouve aux Tuileries sur le chemin de M. le duc d'Orléans, il passe en ayant soin de saluer à droite, de manière que, moi étant à gauche, il me tourne l'épaule. Cela sera remarqué, et fera bien.

M. le duc d'Orléans connut-il d'avance les ordonnances de juillet? En fut-il instruit par une personne qui tenait le secret de M. Ouvrard? Qu'en pensa-t-il? Quelles furent ses craintes et ses espérances? Conçut-il un plan? Poussa-t-il M. Laffitte à faire ce qu'il fit, ou laissa-t-il faire M. Laffitte? D'après le caractère de Louis-Philippe, on doit présumer qu'il ne prit aucune résolution, et que sa timidité politique, se renfermant dans sa fausseté, attendit l'événement comme l'araignée attend le moucheron qui se prendra dans sa toile. Il a laissé le moment conspirer; il n'a conspiré lui-même que par ses désirs, dont il est probable qu'il avait peur.

Il y avait deux partis à prendre pour M. le duc d'Orléans: le premier, et le plus honorable, était de courir à Saint-Cloud, de s'interposer entre Charles X et le peuple, afin de sauver la couronne de l'un et la liberté de

l'autre; le second consistait à se jeter dans les barricades, le drapeau tricolore au poing, et à se mettre à la
tête du mouvement du monde. Philippe avait à choisir
entre l'honnète homme et le grand homme: il a préféré
escamoter la couronne du Roi et la liberté du peuple.
Un filou, pendant le trouble et les malheurs d'un incen-
die, dérobe subtilement les objets les plus précieux du
palais brûlant, sans écouter les cris d'un enfant que la
flamme a surpris dans son berceau.

La riche proie une fois saisie, il s'est trouvé force chiens
à la curée: alors sont arrivées toutes ces vieilles corruptions des régimes précédents, ces recéleurs d'effets volés,
crapauds immondes à demi écrasés sur lesquels on a
cent fois marché, et qui vivent, tout aplatis qu'ils sont.
Ce sont là pourtant les hommes que l'on vante et dont
on exalte l'habileté ! Milton pensait autrement lorsqu'il
écrivait ce passage d'une lettre sublime: « Si Dieu versa
« jamais un amour ferme de la beauté morale dans le
« sein d'un homme, il l'a versé dans le mien. Quelque
« part que je rencontre un homme méprisant la fausse
« estime du vulgaire, osant aspirer, par ses sentiments,
« son langage et sa conduite, à ce que la haute sagesse
« des âges nous a enseigné de plus excellent, je m'unis
« à cet homme par une sorte de nécessaire attachement.
« Il n'y a point de puissance dans le ciel ou sur la terre
« qui puisse m'empêcher de contempler avec respect et
« tendresse ceux qui ont atteint le sommet de la dignité
« et de la vertu. »

La cour aveugle de Charles X ne sut jamais où elle en était et à qui elle avait affaire: on pouvait mander M. le duc d'Orléans à Saint-Cloud, et il est probable que dans le premier moment il eût obéi; on pouvait le faire enlever à Neuilly, le jour même des ordonnances: on ne prit ni l'un ni l'autre parti.

Sur des renseignements que lui porta madame de Bondy à Neuilly dans la nuit du mardi 27, Louis-Philippe se leva à trois heures du matin, et se retira en un lieu connu de sa seule famille. Il avait la double crainte d'être atteint par l'insurrection de Paris ou arrêté par un capitaine des gardes. Il alla donc écouter dans la solitude du Raincy les coups de canon lointains de la bataille du Louvre, comme j'écoutais sous un arbre ceux de la bataille de Waterloo. Les sentiments qui sans doute agitaient le prince ne devaient guère ressembler à ceux qui m'oppressaient dans les campagnes de Gand.

Je vous ai dit que, dans la matinée du 30 juillet, M. Thiers ne trouva point le duc d'Orléans à Neuilly; mais madame la duchesse d'Orléans envoya chercher S. A. R.: M. le comte Anatole de Montesquiou fut chargé du message. Arrivé au Raincy, M. de Montesquiou eut toutes les peines du monde à déterminer Louis-Philippe à revenir à Neuilly pour y attendre la députation de la Chambre des députés.

Enfin, persuadé par le chevalier d'honneur de la duchesse d'Orléans, Louis-Philippe monta en voiture. M. de Montesquiou partit en avant; il alla d'abord assez vite;

mais quand il regarda en arrière, il vit la calèche de
S. A. R. s'arrêter et rebrousser chemin vers le Raincy.
M. de Montesquiou revient en hâte, implore la future majesté qui courait se cacher au désert, comme ces illus-
tres chrétiens fuyant jadis la pesante dignité de l'épis-
copat: le serviteur fidèle obtint une dernière et malheu-
reuse victoire.

Le soir du 30, la députation des douze membres de
la Chambre des députés, qui devait offrir la lieutenance
générale du royaume au prince, lui envoya un message
à Neuilly. Louis-Philippe reçut ce message à la grille du
parc, le lut au flambeau et se mit à l'instant en route
pour Paris, accompagné de MM. de Berthois, Haymès et
Oudart. Il portait à sa boutonnière une cocarde tricolore: il allait enlever une vieille couronne au garde-meuble.

Une députation de la Chambre élective offre à M. le duc d'Orléans la lieutenance générale du royaume. — Il accepte. — Efforts des républicains.

A son arrivée au Palais-Royal, M. le duc d'Orléans envoya complimenter M. de La Fayette.

La députation des douze députés se présenta au Palais-Royal. Elle demanda au prince s'il acceptait la lieutenance générale du royaume; réponse embarrassée: « Je suis venu au milieu de vous partager vos dangers... « J'ai besoin de réfléchir. Il faut que je consulte diver- « ses personnes. Les dispositions de Saint-Cloud ne sont « point hostiles: la présence du Roi m'impose des de- « voirs. » Ainsi répondit Louis-Philippe. On lui fit rentrer ses paroles dans le corps, comme il s'y attendait: après s'être retiré une demi-heure, il reparut portant une proclamation en vertu de laquelle il acceptait les fonctions de lieutenant général du royaume, proclamation finissant par cette déclaration: « La Charte sera désormais une vérité. »

Portée à la Chambre élective, la proclamation fut reçue avec cet enthousiasme révolutionnaire agé de cinquante ans: on y répondit par une autre proclamation de la rédaction de M. Guizot. Les députés retournèrent au Palais-Royal; le prince s'attendrit, accepta de nouveau, et ne put s'empêcher de gémir sur les déplorables circonstances qui le forçaient d'être lieutenant général du royaume.

La république, étourdie des coups qui lui étaient portés, cherchait à se défendre; mais son véritable chef, le général La Fayette, l'avait presque abandonnée. Il se plaisait dans ce concert d'adorations qui lui arrivaient de tous côtés; il humait le parfum des révolutions; il s'enchantait de l'idée qu'il était l'arbitre de la France, qu'il pouvait à son gré, en frappant du pied, faire sortir de terre une république ou une monarchie; il aimait à se bercer dans cette incertitude où se plaisent les esprits qui craignent les conclusions, parce qu'un instinct les avertit qu'ils ne sont plus rien quand les faits sont accomplis.

Les autres chefs républicains s'étaient perdus d'avance par divers ouvrages: l'éloge de la terreur, en rappelant aux Français 1793, les avait fait reculer. Le rétablissement de la garde nationale tuait en même temps, dans les combattants de juillet, le principe ou la puissance de l'insurrection. M. de La Fayette ne s'aperçut pas qu'en rêvassant la république, il avait armé contre elle trois millions de gendarmes.

Quoi qu'il en soit, honteux d'être sitôt pris pour dupes, les jeunes gens essayèrent quelque résistance. Ils répliquèrent par des proclamations et des affiches aux proclamations et aux affiches du duc d'Orléans. On lui disait que si les députés s'étaient abaissés à le supplier d'accepter la lieutenance générale du royaume, la Chambre des députés, nommée sous une loi aristocratique, n'avait pas le droit de manifester la volonté populaire. On prouvait à Louis-Philippe qu'il était fils de Louis-Philippe-Joseph; que Louis-Philippe-Joseph était fils de Louis-Philippe; que Louis-Philippe était fils de Louis, lequel était fils de Philippe II, régent; que Philippe II était fils de Philippe Ier, lequel était frère de Louis XIV : donc Louis-Philippe d'Orléans était *Bourbon* et *Capet*, non *Valois*. M. Laffitte n'en continuait pas moins à le regarder comme étant de la race de Charles IX et de Henri III, et disait : « Thiers sait cela. »

Plus tard, la réunion Lointier s'écria que la nation était en armes pour soutenir ses droits par la force. Le comité central du douzième arrondissement déclara que le peuple n'avait point été consulté sur le mode de sa Constitution; que la Chambre des députés et la Chambre des pairs, tenant leurs pouvoirs de Charles X, étaient tombées avec lui; qu'elles ne pouvaient, en conséquence, représenter la nation; que le douzième arrondissement ne reconnaissait point la lieutenance générale; que le gouvernement provisoire devait rester en permanence, sous la présidence de La Fayette, jusqu'à ce qu'une Constitution eût été délibérée et arrêtée comme base fondamentale du gouvernement.

Le 30 au matin, il était question de proclamer la République. Quelques hommes déterminés menaçaient de poignarder la commission municipale si elle ne conservait pas le pouvoir. Ne s'en prenait-on pas aussi à la Chambre des pairs? On était furieux de son audace. L'audace de la Chambre des pairs! Certes, c'était là le dernier outrage et la dernière injustice qu'elle eût dû s'attendre à éprouver de l'opinion.

Il y eut un projet: vingt jeunes gens des plus ardents devaient s'embusquer dans une petite rue donnant sur le quai de la Ferraille, et faire feu sur Louis-Philippe, lorsqu'il se rendrait du Palais-Royal à la maison de ville. On les arrêta en leur disant: « Vous tuerez en même « temps Laffitte, Pajol et Benjamin Constant. » Enfin on voulait enlever le duc d'Orléans et l'embarquer à Cherbourg: étrange rencontre si Charles X et Philippe se fussent retrouvés dans le même port, sur le même vaisseau, l'un expédié à la rive étrangère par les bourgeois, l'autre par les républicains!

M. le duc d'Orléans va à l'Hôtel-de-Ville.

Le duc d'Orléans, ayant pris le parti d'aller faire confirmer son titre par les tribuns de l'Hôtel-de-Ville, descendit dans la cour du Palais Royal, entouré de quatre-vingt-neuf députés en casquettes, en chapeaux ronds, en habits, en redingotes. Le candidat royal monté sur un cheval blanc; il est suivi de Benjamin Constant dans une chaise à porteur ballottée par deux Savoyards. MM. Méchin et Viennet, couverts de sueur et de poussière, marchent entre le cheval blanc du monarque futur et la brouette du député goutteux, se querellant avec les deux crocheteurs pour garder les distances voulues. Un tambour à moitié ivre battait la caisse à la tête du cortége. Quatre huissiers servaient de licteurs. Les dé-

putés les plus zélés meuglaient : Vive le duc d'Orléans !
Autour du Palais-Royal ces cris eurent quelque succès ;
mais, à mesure qu'on avançait vers l'Hôtel-de-Ville, les
spectateurs devenaient moqueurs ou silencieux. Philippe
se démenait sur son cheval de triomphe, et ne cessait
de se mettre sous le bouclier de M. Laffitte, en recevant
de lui, chemin faisant, quelques paroles protectrices. Il
souriait au général Gérard, faisait des signes d'intelligence à M. Viennet et à M. Méchin, mendiait la couronne
en quêtant le peuple avec son chapeau orné d'une aune
du ruban tricolore, tendant la main à quiconque voulait
en passant aumôner cette main. La monarchie ambulante
arrive sur la place de Grève, où elle est saluée des cris :
Vive la République !

Quand la matière électorale royale pénétra dans l'intérieur de l'Hôtel-de-Ville, des murmures plus menaçants
accueillirent le postulant : quelques serviteurs zélés qui
criaient son nom reçurent des gourmades. Il entre dans
la salle du Trône ; là se pressaient les blessés et les combattants des trois journées : une exclamation générale :
Plus de Bourbons ! vive La Fayette ! ébranla les voûtes
de la salle. Le prince en parut troublé. M. Viennet lut
à haute voix pour M. Laffitte la déclaration des députés ;
elle fut écoutée dans un profond silence. Le duc d'Orléans prononça quelques mots d'adhésion. Alors M. Dubourg dit rudement à Philippe : « Vous venez de prendre
« de grands engagements. S'il vous arrivait jamais d'y
« manquer, nous sommes gens à vous les rappeler. »

Et le Roi futur de répondre tout ému: « Monsieur, je suis honnête homme. » M. de La Fayette, voyant l'incertitude croissante de l'assemblée, se mit tout à coup en tête d'abdiquer la présidence: il donne au duc d'Orléans un drapeau tricolore, s'avance sur le balcon de l'Hôtel-de-Ville, et embrasse le prince aux yeux de la foule ébahie, tandis que celui-ci agitait le drapeau national. Le baiser républicain de La Fayette fit un roi. Singulier résultat de toute la vie *du héros des Deux-Mondes!*

Et puis, *plan! plan!* la litière de Benjamin Constant et le cheval blanc de Louis-Philippe rentrèrent moitié hués, moitié bénis, de la fabrique politique de la Grève au Palais-Marchand. « Ce jour-là même, dit encore « M. Louis Blanc (31 juillet), et non loin de l'Hôtel-de- « Ville, un bateau placé au bas de la Morgue, et sur- « monté d'un pavillon noir, recevait des cadavres qu'on « descendait sur des civières. On rangeait ces cadavres « par piles en les couvrant de paille; et rassemblée le « long des parapets de la Seine, la foule regardait en « silence. »

A propos des États de la Ligue et de la confection d'un roi, Palma Cayet s'écrie: « Je vous prie de vous « représenter quelle réponse eût pu faire ce petit bon- « homme maître Matthieu Delaunay et M. Boucher, curé « de Saint-Benoît, et quelque autre de cette étoffe, à qui « leur eût dit qu'ils dussent être employés pour installer « un roi en France à leur fantaisie?... Les vrais Fran- « çais ont toujours eu en mépris cette forme d'élire les « rois qui les rend maîtres et valets tout ensemble. »

Les républicains au Palais-Royal.

Philippe n'était pas au bout de ses épreuves; il avait encore bien des mains à serrer, bien des accolades à recevoir; il lui fallait encore envoyer bien des baisers, saluer bien bas les passants, venir bien des fois, au caprice de la foule, chanter la Marseillaise sur le balcon des Tuileries.

Un certain nombre de républicains s'étaient réunis le matin du 31 au bureau du *National*: lorsqu'ils surent qu'on avait nommé le duc d'Orléans lieutenant général du royaume, ils voulurent connaître les opinions de l'homme destiné à devenir leur Roi malgré eux. Ils furent conduits au Palais-Royal par M. Thiers: c'étaient MM. Bastide, Thomas, Joubert, Cavaignac, Marchais, Degousée, Guinard. Le prince dit d'abord de fort belles choses sur

la liberté : « Vous n'êtes pas encore Roi, répliqua Basti-
« de, écoutez la vérité; bientôt vous ne manquerez pas
« de flatteurs. » « Votre père, ajouta Cavaignac, est ré-
« gicide comme le mien; cela vous sépare un peu des
« autres. » Congratulations mutuelles sur le régicide,
néanmoins avec cette remarque judicieuse de Philippe,
qu'il y a des choses dont il faut garder le souvenir pour
ne pas les imiter.

Des républicains qui n'étaient pas de la réunion du
National entrèrent. M. Trélat dit à Philippe : « Le peu-
« ple est le maître; vos fonctions sont provisoires; il faut
« que le peuple exprime sa volonté : le consultez-vous,
« oui ou non? »

M. Thiers, frappant sur l'épaule de M. Thomas et in-
terrompant ces discours dangereux : « Monseigneur, n'est-
« ce pas que voilà un beau colonel? — C'est vrai, répond
« Louis-Philippe. — Qu'est-ce qu'il dit donc? s'écrie-t-on.
« Nous prend-il pour un troupeau qui vient se vendre? »
et l'on entend de toutes parts ces mots contradictoires :
« C'est la tour de Babel! Et l'on appelle cela un Roi ci-
« toyen! la République? Gouvernez donc avec des répu-
« blicains! » Et M. Thiers de s'écrier : « J'ai fait là une
« belle ambassade. »

Puis M. de La Fayette descendit au Palais-Royal : le
citoyen faillit d'être étouffé sous les embrassements de
son Roi. Toute la maison était pâmée.

Les vestes étaient aux postes d'honneur, les casquettes dans les salons, les blouses à table avec les princes

et les princesses; dans le conseil, des chaises, point de fauteuils; la parole à qui la voulait; Louis-Philippe, assis entre M. de La Fayette et M. Laffitte, les bras passés sur l'épaule de l'un et de l'autre, s'épanouissait d'égalité et de bonheur.

J'aurais voulu mettre plus de gravité dans la description de ces scènes qui ont produit une grande révolution, ou, pour parler plus correctement, de ces scènes par lesquelles sera hâtée la transformation du monde; mais je les ai vues; des députés qui en étaient les acteurs ne pouvaient s'empêcher d'une certaine confusion, en me racontant de quelle manière, le 31 juillet, ils étaient allés forger — un roi.

On faisait à Henri IV, non catholique, des objections qui ne le ravalaient pas et qui se mesuraient à la hauteur même du trône: on lui remontrait « que saint Louis « n'avoit pas été canonisé à Genève, mais à Rome; que « si le Roi n'étoit catholique, il ne tiendrait pas le pre- « mier rang des Rois en la chrétienté; qu'il n'étoit pas « beau que le Roi priât d'une sorte et son peuple d'une « autre; que le Roi ne pourroit être sacré à Reims et « qu'il ne pourroit être enterré à Saint-Denis s'il n'étoit « catholique. »

Qu'objectait-on à Philippe avant de le faire passer au dernier tour de scrutin? On lui objectait qu'il n'était pas assez *patriote*.

Aujourd'hui que la révolution est consommée, on se regarde comme offensé lorsqu'on ose rappeler ce qui se

passa au point de départ; on craint de diminuer la so-
lidité de la position qu'on a prise, et quiconque ne trouve
pas dans l'origine du fait commençant la gravité du fait
accompli, est un détracteur.

Lorsqu'une colombe descendait pour apporter à Clo-
vis l'huile sainte, lorsque les rois chevelus étaient élevés
sur un bouclier, lorsque saint Louis tremblait, par sa
vertu prématurée, en prononçant à son sacre le serment
de n'employer son autorité que pour la gloire de Dieu
et le bien de son peuple, lorsque Henri IV, après son
entrée à Paris, alla se prosterner à Notre-Dame, que l'on
vit ou que l'on crut voir, à sa droite, un bel enfant qui
le défendait et que l'on prit pour son ange gardien, je
conçois que le diadème était sacré; l'oriflamme reposait
dans les tabernacles du ciel. Mais depuis que sur une
place publique un souverain, les cheveux coupés, les
mains liées derrière le dos, a abaissé sa tête sous le
glaive, au son du tambour; depuis qu'un autre souverain, environné de la plèbe, est allé mendier des votes
pour son *élection,* au bruit du même tambour, sur une
autre place publique, qui conserve la moindre illusion sur
la couronne? Qui croit que cette royauté meurtrie et souil-
lée puisse encore imposer au monde? Quel homme, sentant
un peu son cœur battre, voudrait avaler le pouvoir dans
ce calice de honte et de dégoût que Philippe a vidé d'un
seul trait sans vomir? La monarchie européenne aurait
pu continuer sa vie si l'on eût conservé en France la
monarchie mère, fille d'un saint et d'un grand homme;
mais on en a dispersé les semences: rien n'en renaîtra.

Le Roi quitte Saint-Cloud. — Arrivée de madame la Dauphine à Trianon. — Corps diplomatique.

Vous venez de voir la royauté de la Grève s'avancer poudreuse et haletante sous le drapeau tricolore, au milieu de ses insolents amis; voyez maintenant la royauté de Reims se retirer à pas mesurés au milieu de ses aumôniers et de ses gardes, marchant dans toute l'exactitude de l'étiquette, n'entendant pas un mot qui ne fût un mot de respect, et révérée même de ceux qui la détestaient. Le soldat, qui l'estimait peu, se faisait tuer pour elle; le drapeau blanc, placé sur son cercueil avant d'être reployé pour jamais, disait au vent: Saluez-moi: j'étais à Ivry; j'ai vu mourir Turenne; les Anglais me connurent à Fontenoy; j'ai fait triompher la liberté sous

Washington; j'ai délivré la Grèce et je flotte encore sur les murailles d'Alger !

Le 31, à l'aube·du jour, à l'heure même où le duc d'Orléans, arrivé à Paris, se préparait à l'acceptation de la lieutenance générale, les gens du service de Saint-Cloud se présentèrent au bivouac du pont de Sèvres, annonçant qu'ils étaient congédiés, et que le Roi était parti à trois heures et demie du matin. Les soldats s'émurent, puis ils se calmèrent à l'apparition du Dauphin : il s'avançait à cheval, comme pour les enlever par un de ces mots qui mènent les Français à la mort ou à la victoire; il s'arrête au front de la ligne, balbutie quelques phrases, tourne court et rentre au château. Le courage ne lui faillit pas, mais la parole. La misérable éducation de nos princes de la branche aînée depuis Louis XIV les rendait incapables de supporter une contradiction, de s'exprimer comme tout le monde, et de se mêler au reste des hommes.

Cependant les hauteurs de Sèvres et les terrasses de Bellevue se couronnaient d'hommes du peuple : on échangea quelques coups de fusil. Le capitaine qui commandait à l'avant-garde du pont de Sèvres passa à l'ennemi; il mena une pièce de canon et une partie de ses soldats aux bandes réunies sur la route du *Point du jour*. Alors les Parisiens et la garde convinrent qu'aucune hostilité n'aurait lieu jusqu'à ce que l'évacuation de Saint-Cloud et de Sèvres fût effectuée. Le mouvement rétrograde commença; les Suisses furent enveloppés par les habitants de Sèvres, jetèrent bas leurs armes, bien que dégagés presque aussitôt par les lanciers, dont le lieutenant-colonel fut blessé. Les troupes traversèrent Versailles, où la garde nationale faisait le service depuis la veille avec les grenadiers de la Rochejaquelein, l'une sous la cocarde tricolore, les autres avec la cocarde blanche. Madame la Dauphine arriva de Vichy et rejoignit la famille royale à Trianon, jadis séjour préféré de Marie-Antoinette. A Trianon, M. de Polignac se sépara de son maître.

On a dit que madame la Dauphine était opposée aux ordonnances: le seul moyen de bien juger les choses, c'est de les considérer dans leur essence; le plébéien sera toujours d'avis de la liberté, le prince inclinera toujours au pouvoir. Il ne faut leur en faire ni un crime ni un mérite; c'est leur nature. Madame la Dauphine aurait peut-être désiré que les ordonnances eussent paru dans un moment plus opportun, alors que de meilleures précautions eussent été prises pour en garantir le succès; mais au fond elles lui plaisaient, et lui devaient plaire. Madame la duchesse de Berry en était ravie. Ces deux princesses crurent que la royauté, hors de page, était enfin affranchie des entraves que le gouvernement représentatif attache au pied du souverain.

On est étonné dans ces événements de juillet de ne pas rencontrer le corps diplomatique, lui qui n'était que trop consulté de la cour, et qui se mêlait trop de nos affaires.

Il est question deux fois des ambassadeurs étrangers dans nos derniers troubles. Un homme fut arrêté aux barrières, et le paquet dont il était porteur envoyé à l'Hôtel-de-Ville: c'était une dépêche de M. de Lowenhielm au roi de Suède. M. Baude fit remettre cette dépêche à la légation suédoise sans l'ouvrir. La correspondance de lord Stuart étant tombée entre les mains de meneurs populaires, elle lui fut pareillement renvoyée sans avoir été ouverte, ce qui fit merveille à Londres. Lord Stuart, comme ses compatriotes, adorait le désordre chez l'étranger: sa diplomatie était de la *police*, ses dépêches des *rapports*. Il m'aimait assez lorsque j'étais ministre, parce que je le traitais sans façon, et que ma porte lui était toujours ouverte; il entrait chez moi en bottes à toute heure, crotté et vêtu comme un voleur, après avoir couru sur les boulevards et chez les dames qu'il payait mal, et qui l'appelaient *Stuart*.

J'avais conçu la diplomatie sur un nouveau plan: n'ayant rien à cacher, je parlais tout haut; j'aurais montré mes dépêches au premier venu, parce que je n'avais aucun projet pour la gloire de la France que je ne fusse déterminé à accomplir en dépit de tout opposant.

J'ai dit cent fois à sir Charles Stuart en riant, et j'étais sérieux: « Ne me cherchez pas querelle: si vous me « jetez le gant, je le relève. La France ne vous a jamais « fait la guerre avec l'intelligence de votre position; « c'est pourquoi vous nous avez battus; mais ne vous y « fiez pas [1]. »

---

[1] C'est à peu près ce que j'écrivais à M. Canning en 1823. (Voyez le *Congrès de Vérone*.)

Lord Stuart vit donc nos *troubles de juillet* dans toute cette bonne nature qui jubile de nos misères; mais les autres membres du corps diplomatique, ennemis de la cause populaire, avaient plus ou moins poussé Charles X aux ordonnances, et cependant, quand elles parurent, ils ne firent rien pour sauver le monarque; que si M. Pozzo di Borgo se montra inquiet d'un coup d'État, ce ne fut ni pour le Roi ni pour le peuple.

Deux choses sont certaines:

Premièrement, la révolution de juillet attaquait les traités de la quadruple alliance: la France des Bourbons faisait partie de cette alliance; les Bourbons ne pouvaient donc être dépossédés violemment sans mettre en péril le nouveau droit politique de l'Europe.

Secondement, dans une monarchie, les légations étrangères ne sont point accréditées auprès du *gouvernement;* elles le sont auprès du monarque. Le strict devoir de ces légations était donc de se réunir à Charles X, et de le suivre tant qu'il serait sur le sol français.

N'est-il pas singulier que le seul ambassadeur à qui cette idée soit venue ait été le représentant de Bernadotte, d'un roi qui n'appartenait pas aux vieilles familles de souverains? M. de Lœvenhielm allait entraîner le baron de Werther dans son opinion, quand M. Pozzo di Borgo s'opposa à une démarche qu'imposaient les lettres de créance et que commandait l'honneur.

Si le corps diplomatique se fût rendu à Saint-Cloud, la position de Charles X changeait: les partisans de la

légitimité eussent acquis dans la Chambre élective une force qui leur manqua tout d'abord; la crainte d'une guerre possible eût alarmé la classe industrielle; l'idée de conserver la paix en gardant Henri V eût entraîné dans le parti de l'enfant royal une masse considérable de populations.

M. Pozzo di Borgo s'abstint pour ne pas compromettre ses fonds à la Bourse ou chez des banquiers, et surtout pour ne pas exposer sa place. Il a joué au cinq pour cent sur le cadavre de la légitimité capétienne, cadavre qui communiquera la mort aux autres rois vivants. Il ne manquera plus dans quelque temps d'ici que d'essayer, selon l'usage, de faire passer cette faute irréparable d'un intérêt personnel pour une combinaison profonde.

Les ambassadeurs qu'on laisse trop long-temps à la même cour prennent les mœurs du pays où ils résident: charmés de vivre au milieu des honneurs, ne voyant plus les choses comme elles sont, ils craignent de laisser passer dans leurs dépêches une vérité qui pourrait amener un changement dans leur position. Autre chose est, en effet, d'être Esterhazy, Werther, Pozzo à Vienne, à Berlin, à Pétersbourg, ou bien LL. EE. les ambassadeurs à la cour de France. On a dit que M. Pozzo avait des rancunes contre Louis XVIII et Charles X, à propos du cordon bleu et de la pairie. On eut tort de ne pas le satisfaire; il avait rendu aux Bourbons des services, en haine de son compatriote Bonaparte. Mais si à

Gand il décida la question du trône en provoquant le départ subit de Louis XVIII pour Paris, il se peut vanter qu'en empêchant le corps diplomatique de faire son devoir dans les journées de juillet, il a contribué à faire tomber de la tête de Charles X la couronne qu'il avait aidé à replacer sur le front de son frère.

Je le pense depuis longtemps, les corps diplomatiques nés dans des siècles soumis à un autre droit des gens ne sont plus en rapport avec la société nouvelle: des gouvernements publics, des communications faciles font qu'aujourd'hui les cabinets sont à même de traiter directement ou sans autre intermédiaire que des agents consulaires, dont il faudrait accroître le nombre et améliorer le sort: car à cette heure l'Europe est industrielle. Les espions titrés, à prétentions exorbitantes, qui se mêlent de tout pour se donner une importance qui leur échappe, ne servent qu'à troubler les cabinets près desquels ils sont accrédités, et à nourrir leurs maîtres d'illusions. Charles X eut tort, de son côté, en n'invitant pas le corps diplomatique à se rendre à sa cour; mais ce qu'il voyait lui semblait un rêve; il marchait de surprise en surprise. C'est ainsi qu'il ne manda pas auprès de lui M. le duc d'Orléans; car ne se croyant en danger que du côté de la république, le péril d'une usurpation ne lui vint jamais en pensée.

Rambouillet.

Charles X partit dans la soirée pour Rambouillet avec les princesses et M. le duc de Bordeaux. Le nouveau rôle de M. le duc d'Orléans fit naître dans la tête du Roi les premières idées d'abdication. Monsieur le Dauphin, toujours à l'arrière-garde, mais ne se mêlant point aux soldats, leur fit distribuer à Trianon ce qui restait de vin et de comestibles.

A huit heures et un quart du soir, les divers corps se mirent en marche. Là expira la fidélité du 8e léger. Au lieu de suivre le mouvement, il revint à Paris: on rapporta son drapeau à Charles X, qui refusa de le recevoir, comme il avait refusé de recevoir celui du 50e.

Les brigades étaient dans la confusion, les armes mê-
lées; la cavalerie dépassait l'infanterie et faisait ses hal-
tes à part. A minuit, le 31 juillet expirant, on s'arrêta
à Trappes. Le Dauphin coucha dans une maison en arrière de ce village.

Le lendemain, 1er août, il partit pour Rambouillet,
laissant les troupes bivouaquées à Trappes. Celles-ci le-
vèrent leur camp à onze heures. Quelques soldats, étant
allés acheter du pain dans les hameaux, furent massacrés.

Arrivée à Rambouillet, l'armée fut cantonnée autour
du château.

Dans la nuit du 1er au 2 août, trois régiments de la
grosse cavalerie reprirent le chemin de leurs anciennes
garnisons. On croit que le général Bordesoulle, comman-
dant la grosse cavalerie de la garde, avait fait sa capi-
tulation à Versailles. Le 2e de grenadiers partit aussi le
2 au matin, après avoir renvoyé ses guidons chez le Roi.
Le Dauphin rencontra ces grenadiers déserteurs; ils se
formèrent en bataille pour rendre les honneurs au prince, et continuèrent leur chemin. Singulier mélange d'infidélité et de bienséance! Dans cette révolution des trois
journées, personne n'avait de passion; chacun agissait
selon l'idée qu'il s'était faite de son droit ou de son devoir: le droit conquis, le devoir rempli, nulle inimitié
comme nulle affection ne restait; l'un craignait que le
droit ne l'entraînât trop loin, l'autre que le devoir ne
dépassât les bornes. Peut-être n'est-il arrivé qu'une fois,

et peut-être n'arrivera-t-il plus, qu'un peuple se soit arrêté devant sa victoire, et que des soldats qui avaient défendu un roi, tant qu'il avait paru vouloir se battre, lui aient remis leurs étendards avant de l'abandonner. Les ordonnances avaient affranchi le peuple de son serment; la retraite, sur le champ de bataille, affranchit le grenadier de son drapeau.

**Ouverture de la session, le 3 août. — Lettre de Charles X
à monsieur le duc d'Orléans.**

Charles X se retirant, les républicains reculant, rien n'empêchait la monarchie élue d'avancer. Les provinces, toujours moutonnières et esclaves de Paris, à chaque mouvement du télégraphe ou à chaque drapeau tricolore perché sur le haut d'une diligence, criaient: Vive Philippe, ou: Vive la Révolution!

L'ouverture de la session fixée au 3 août, les pairs se transportèrent à la Chambre des députés: je m'y rendis, car tout était encore provisoire. Là fut représenté un autre acte de mélodrame: le trône resta vide et l'anti-Roi s'assit à côté. On eût dit du chancelier ouvrant par procuration une session du parlement anglais, en l'absence du souverain.

Philippe parla de la funeste nécessité où il s'était trouvé d'accepter la lieutenance générale pour nous sauver tous, de la révision de l'article 14 de la Charte, de la liberté que lui, Philippe, portait dans son cœur et qu'il allait faire déborder sur nous, comme la paix sur l'Europe. Jongleries de discours et de constitution répétées à chaque phase de notre histoire, depuis un demi-siècle. Mais l'attention devint très-vive quand le prince fit cette déclaration :

« Messieurs les pairs et messieurs les députés, .

« Aussitôt que les deux Chambres seront constituées, « je ferai porter à votre connaissance l'acte d'abdication « de S. M. le Roi Charles X. Par ce même acte, Louis- « Antoine de France, Dauphin, renonce également à ses « droits. Cet acte a été remis entre mes mains hier, 2 août, « à onze heures du soir. J'en ordonne ce matin le dépôt « dans les archives de la Chambre des pairs, et je le fais « insérer dans la partie officielle du *Moniteur*. »

Par une misérable ruse et une lâche réticence, le duc d'Orléans supprime ici le nom de Henri V, en faveur duquel les deux rois avaient abdiqué. Si à cette époque chaque Français eût pu être consulté individuellement, il est probable que la majorité se fût prononcée en faveur de Henri V; une partie des républicains même l'aurait accepté, en lui donnant La Fayette pour mentor. Le ğerme de la légitimité resté en France, les deux vieux rois allant finir leurs jours à Rome, aucune des difficultés qui entourent une usurpation et qui la rendent suspecte aux divers partis n'aurait existé. L'adoption des cadets de Bourbon était non-seulement un péril, c'était un contre-sens politique: la France nouvelle est républicaine; elle ne veut point de roi, du moins elle ne veut point un roi de la vieille race. Encore quelques années, nous verrons ce que deviendront nos libertés et ce que sera cette paix dont le monde se doit réjouir. Si l'on peut juger de la conduite du nouveau personnage élu, par ce que l'on connait de son caractère, il est présumable que ce prince ne croira pouvoir conserver sa monarchie qu'en opprimant au dedans et en rampant au dehors.

Le tort réel de Louis-Philippe n'est pas d'avoir accepté la couronne (acte d'ambition dont il y a des milliers d'exemples et qui n'attaque qu'une institution politique); son véritable délit est d'avoir été tuteur infidèle, d'avoir dépouillé *l'enfant* et *l'orphelin*, délit contre lequel l'Écriture n'a pas assez de malédictions: or, jamais la *justice morale* (qu'on la nomme fatalité ou Providence, je l'appelle, moi, conséquence inévitable du mal) n'a manqué de punir les infractions à la *loi morale*.

Philippe, son gouvernement, tout cet ordre de choses impossibles et contradictoires, périra, dans un temps plus ou moins retardé par des cas fortuits, par des complications d'intérêts intérieurs et extérieurs, par l'apathie et la corruption des individus, par la légèreté des esprits, l'indifférence et l'effacement des caractères ; mais, quelle que soit la durée du régime actuel, elle ne sera jamais assez longue pour que la branche d'Orléans puisse pousser de profondes racines.

Charles X, apprenant les progrès de la révolution, n'ayant rien dans son âge et dans son caractère de propre à arrêter ces progrès, crut parer le coup porté à sa race en abdiquant avec son fils, comme Philippe l'annonça aux députés. Dès le premier août il avait écrit un mot approuvant l'ouverture de la session, et, comptant sur le sincère attachement de son cousin le duc d'Orléans, il le nommait, de son côté, lieutenant général du royaume. Il alla plus loin le 2, car il ne voulait plus que s'embarquer et demandait des commissaires pour le protéger jusqu'à Cherbourg. Ces appariteurs ne furent point reçus d'abord par la maison militaire. Bonaparte eut aussi pour gardes des commissaires, la première fois russes, la seconde fois français ; mais il ne les avait pas demandés.

Voici la lettre de Charles X :

« Rambouillet, ce 2 août 1830.

« Mon cousin, je suis trop profondément peiné des maux
« qui affligent ou qui pourraient menacer mes peuples
« pour n'avoir pas cherché un moyen de les prévenir.
« J'ai donc pris la résolution d'abdiquer la couronne en
« faveur de mon petit-fils le duc de Bordeaux.

« Le Dauphin, qui partage mes sentiments, renonce
« aussi à ses droits en faveur de son neveu.

« Vous aurez donc, par votre qualité de lieutenant gé-
« néral du royaume, à faire proclamer l'avénement de
« Henri V à la couronne. Vous prendrez d'ailleurs tou-
« tes les mesures qui vous concernent pour régler les
« formes du gouvernement pendant la minorité du nou-
« veau roi. Ici je me borne à faire connaître ces dispo-
« sitions; c'est un moyen d'éviter encore bien des maux.

« Vous communiquerez mes intentions au corps di-
« plomatique, et vous me ferez connaître le plus tôt pos-
« sible la proclamation par laquelle mon petit fils sera
« reconnu roi sous le nom de Henri V.....

« Je vous renouvelle, mon cousin, l'assurance des sen-
« timents avec lesquels je suis votre affectionné cousin.

« CHARLES. »

Si M. le duc d'Orléans eût été capable d'émotion ou
de remords, cette signature: *Votre affectionné cousin*, n'aurait-elle pas dû le frapper au cœur? On dou-
tait si peu à Rambouillet de l'efficacité des abdications,
que l'on préparait le jeune prince à son voyage: la cocarde tricolore, son égide, était déjà façonnée par les
mains des plus grands zélateurs des ordonnances. Sup-
posez que madame la duchesse de Berri, partie subitement avec son fils, se fût présentée à la Chambre des
députés au moment où M. le duc d'Orléans y pronon-

çait le discours d'ouverture, il restait deux chances ; chances périlleuses! mais du moins, une catastrophe arrivant, l'enfant enlevé au ciel n'aurait pas traîné de misérables jours en terre étrangère.

Mes conseils, mes vœux, mes cris, furent impuissants; je demandais en vain Marie-Caroline: La mère de Bayard, prêt à quitter le château paternel, « ploroit, » dit le Loyal serviteur. « La bonne gentìl femme sortit par le « derrière de la tour, et fit venir son fils auquel elle dit « ces paroles : « Pierre, mon ami, soyez doux et cour- « tois en ostant de vous tout orgueil; *soyez humble et* « *serviable à toutes gens; soyez loyal en faicts et dits;* « *soyez secourable aux pauvres veufves et orphelins, et* « *Dieu le vous guerdonnera...* Alors la bonne dame tira « hors de sa manche une petite boursette en laquelle « avoit seulement six écus en or et un en monnoie quelle « donna à son fils. »

Le chevalier sans peur et sans reproche partit avec six écus d'or dans une petite boursette pour devenir le plus brave et le plus renommé des capitaines. Henri, qui n'a peut-être pas six écus d'or, aura bien d'autres combats à rendre; il faudra qu'il lutte contre le malheur, champion difficile à terrasser. Glorifions les mères qui donnent de si tendres et de si bonnes leçons à leurs fils! Bénie donc soyez-vous, ma mère, de qui je tiens ce qui peut avoir honoré et discipliné ma vie.

Pardon de tous ces souvenirs: mais peut-être la tyrannie de ma mémoire, en faisant entrer le passé dans le présent, ôte à celui-ci une partie de ce qu'il a de misérable.

Les trois commissaires députés vers Charles X étaient MM. de Schonen, Odilon Barrot et le maréchal Maison. Renvoyés par les postes militaires, ils reprirent la route de Paris. Un flot populaire les reporta vers Rambouillet.

Départ du peuple pour Rambouillet. — Fuite du Roi. Réflexions.

Le bruit se répandit le 2 au soir à Paris que Charles X refusait de quitter Rambouillet jusqu'à ce que son petit-fils eût été reconnu. Une multitude s'assembla le 3 au matin aux Champs-Élysées, criant: « A Rambouillet! « à Rambouillet! Il ne faut pas qu'un seul Bourbon en « réchappe. » Des hommes riches se trouvaient mêlés à ces groupes, mais, le moment arrivé, ils laissèrent partir la *canaille*, à la tête de laquelle se plaça le général Pajol, qui prit le colonel Jacqueminot pour son chef d'état-major. Les commissaires qui revenaient ayant rencontré les éclaireurs de cette colonne retournèrent sur leurs pas et furent introduits alors à Rambouillet. Le Roi les questionna alors sur la force des insurgés, puis, s'étant retiré, il fit appeler Maison, qui lui devait sa fortune et le bâton de maréchal : « Maison, je vous demande sur « l'honneur de me dire, foi de soldat, si ce que les com- « missaires ont raconté est vrai? » Le maréchal répondit : « Ils ne vous ont dit que la moitié de la vérité. »

Il restait encore, le 3 août, à Rambouillet, trois mille cinq cents hommes de l'infanterie de la garde, quatre régiments de cavalerie légère, formant vingt escadrons, et présentant deux mille hommes. La maison militaire, gardes du corps, etc., cavalerie et infanterie, se montait à treize cents hommes ; en tout huit mille huit cents hommes, sept batteries attelées et composées de quarante-deux pièces de canon. A dix heures du soir, on fait sonner le boute-selle ; tout le camp se met en route pour Maintenon, Charles X et sa famille marchant au milieu de la colonne funèbre qu'éclairait à peine la lune voilée.

Et devant qui se retirait-on? Devant une troupe presque sans armes, arrivant en omnibus, en fiacres, en petes voitures de Versailles et de Saint-Cloud. Le général Pajol se croyait bien perdu lorsqu'il fut forcé de se mettre à la tête de cette multitude, laquelle, après tout, ne s'élevait pas au delà de quinze mille individus, avec l'adjonction des Rouennais arrivés. La moitié de cette troupe restait sur les chemins. Quelques jeunes gens exaltés, vaillants et généreux, mêlés à ce ramas, se seraient sacrifiés : le reste se fût probablement dispersé. Dans les champs de Rambouillet, en rase campagne, il eût fallu aborder le feu de la ligne et de l'artillerie; une victoire, selon toutes les apparences, eût été remportée. Entre la victoire du peuple à Paris et la victoire du Roi à Rambouillet, des négociations se seraient établies.

Quoi! parmi tant d'officiers, il ne s'en est pas trouvé un assez résolu pour se saisir du commandement au nom de Henri V? Car, après tout, Charles X et le Dauphin n'étaient plus Rois!

Ne voulait-on pas combattre: que ne se retirait-on à Chartres? Là on eût été hors de l'atteinte de la populace de Paris; encore mieux à Tours, en s'appuyant sur des provinces légitimistes. Charles X demeuré en France, la majeure partie de l'armée serait demeurée fidèle. Les camps de Boulogne et Lunéville étaient levés et marchaient à son secours. Mon neveu, le comte Louis, amenait son régiment, le 4ᵐᵉ chasseurs, qui ne se débanda qu'en apprenant la retraite de Rambouillet. M. de Chateaubriand fut réduit à escorter sur un *pony* le monarque jusqu'au lieu de son embarcation. Si, rendu dans une ville, à l'abri d'un premier coup de main, Charles X eût convoqué les deux Chambres, plus de la moitié de ces Chambres aurait obéi. Casimir Périer, le général Sébastiani et cent autres avaient attendu, s'étaient débattus contre la cocarde tricolore; ils redoutaient les périls d'une révolution populaire: que dis-je? le lieutenant général du royaume, mandé par le Roi et ne voyant pas la bataille gagnée, se serait dérobé à ses partisans et conformé à l'injonction royale. Le corps diplomatique, qui ne fit pas son devoir, l'eût fait alors en se rangeant autour du monarque. La République, installée à Paris au milieu de tous les désordres, n'aurait pas duré un mois en face d'un gouvernement régulier constitutionnel, établi ailleurs. Jamais on ne perdit la partie à si beau jeu, et quand on l'a perdue de la sorte, il n'y a plus de revanche : allez donc parler de liberté aux citoyens et d'honneur aux soldats après les ordonnances de juillet et la retraite de Saint-Cloud !

Viendra peut-être le temps, quand une société nouvelle aura pris la place de l'ordre social actuel, que la guerre paraîtra une monstrueuse absurdité, que le principe même n'en sera plus compris; mais nous n'en sommes pas là. Dans les querelles armées, il y a des philantropes qui distinguent les espèces et sont prêts à se trouver mal au seul nom de *guerre civile* : « Des com- « patriotes qui se tuent ! des frères, des pères, des fils « en face les uns des autres ! » Tout cela est fort triste, sans doute; cependant un peuple s'est souvent retrempé et régénéré dans les discordes intestines. Il n'a jamais péri par une guerre civile, et il a souvent disparu dans des guerres étrangères. Voyez ce qu'était l'Italie au temps de ses divisions, et voyez ce qu'elle est aujourd'hui. Il est déplorable d'être obligé de ravager la propriété de son voisin, de voir ses foyers ensanglantés par ce voisin; mais, franchement, est-il beaucoup plus humain de massacrer une famille de paysans allemands que vous

ne connaissez pas, qui n'a eu avec vous de discussion
d'aucune nature, que vous volez, que vous tuez sans remords, dont vous déshonorez en sûreté de conscience les
femmes et les filles, parce que *c'est la guerre?* Quoi qu'on
en dise, les guerres civiles sont moins injustes, moins
révoltantes et plus naturelles que les guerres étrangères, quand celles-ci ne sont pas entreprises pour sauver l'indépendance nationale. Les guerres civiles sont
fondées au moins sur des outrages individuels, sur des
aversions avouées et reconnues; ce sont des duels avec
des seconds, où les adversaires savent pourquoi ils ont
l'épée à la main. Si les passions ne justifient pas le mal,
elles l'excusent, elles l'expliquent, elles font concevoir
pourquoi il existe. La guerre étrangère, comment est-elle
justifiée? Des nations s'égorgent ordinairement parce
qu'un roi s'ennuie, qu'un ambitieux se veut élever, qu'un
ministre cherche à supplanter un rival. Il est temps de
faire justice de ces vieux lieux communs de sensiblerie,
plus convenables aux poëtes qu'aux historiens: Thucydide, César, Tite Live se contentent d'un mot de douleur
et passent.

La guerre civile, malgré ses calamités, n'a qu'un danger réel: si les factions ont recours à l'étranger ou si
l'étranger, profitant des divisions d'un peuple, attaque
ce peuple; la conquête pourrait être le résultat d'une
telle position. La Grande-Bretagne, l'Ibérie, la Grèce con-
stantinopolitaine, de nos jours la Pologne, nous offrent
des exemples qu'on ne doit pas oublier. Toutefois, pen-

dant la Ligue, les deux partis appelant à leur aide des Espagnols et des Anglais, des Italiens et des Allemands, ceux-ci se contre-balancèrent et ne dérangèrent point l'equilibre que les Français armés maintenaient entre eux.

Charles X eut tort d'employer les baïonnettes au soutien des ordonnances; ses ministres ne peuvent se justifier d'avoir fait, par obéissance ou non, couler le sang du peuple et des soldats, sans qu'aucune haine les divisât, de même que les terroristes de théorie reproduiraient volontiers le système de la terreur lorsqu'il n'y a plus de terreur. Mais Charles X eut tort aussi de ne pas accepter la guerre lorsque, après avoir cédé sur tous les points, on la lui apportait. Il n'avait pas le droit, après avoir attaché le diadème au front de son petit-fils, de dire à ce nouveau Joas : « Je t'ai fait monter au « trône pour te traîner dans l'exil, pour qu'infortuné, « banni, tu portes le poids de mes ans, de ma proscrip- « tion et de mon sceptre. » Il ne fallait pas au même instant donner à Henri V une couronne et lui ôter la France. En le faisant Roi, on l'avait condamné à mourir sur le sol où s'est mêlée la poussière de saint Louis et de Henri IV.

Au surplus, après ce bouillonnement de mon sang, je reviens à ma raison, et je ne vois plus dans ces choses que l'accomplissement des destins de l'humanité. La cour, triomphante par les armes, eût détruit les libertés publiques; elle n'en aurait pas moins été écrasée un jour; mais elle eût retardé le développement de la société pendant quelques années ; tout ce qui avait compris la monarchie d'une manière large eût été persécuté par la congrégation rétablie. En dernier résultat, les évènements ont suivi la pente de la civilisation. Dieu fait les hommes puissants conformes à ses desseins secrets : il leur donne les défauts qui les perdent quand ils doivent être perdus, parce qu'il ne veut pas que des qualités mal appliquées par une fausse intelligence s'opposent aux décrets de sa providence.

Palais-Royal. — Conversations. — Dernière tentation politique. — M. de Saint-Aulaire.

La famille royale, en se retirant, réduisait mon rôle à moi-même. Je ne songeais plus qu'à ce que je serais appelé à dire à la Chambre des pairs. Écrire était impossible : si l'attaque fût venue des ennemis de la couronne ; si Charles X eût été renversé par une conspiration du dehors, j'aurais pris la plume, et, m'eût-on laissé l'indépendance de la pensée, je me serais fait fort de rallier un immense parti autour des débris du trône ; mais l'attaque était descendue de la couronne ; les ministres avaient violé les deux principales libertés ; ils avaient rendu la royauté parjure, non d'intention sans doute, mais de fait ; par cela même ils m'avaient enlevé ma force.

8

Que pouvais-je hasarder en faveur des ordonnances ?
Comment aurais-je pu vanter encore la sincérité, la can-
deur, la chevalerie de la monarchie légitimè? Comment
aurais-je pu dire qu'elle était la plus forte garantie de
nos intérêts, de nos lois et de notre indépendance? Champion de la vieille royauté, cette royauté m'arrachait mes
armes et me laissait nu devant mes ennemis.

Je fus donc tout étonné quand, réduit à cette faiblesse,
je me vis recherché par la nouvelle royauté. Charles X
avait dédaigné mes services; Philippe fit un effort pour
m'attacher à lui. D'abord M. Arago me parla avec élévation et vivacité de la part de madame Adélaïde; ensuite le comte Anatole de Montesquiou vint un matin
chez madame Récamier, et m'y rencontra. Il me dit que
madame la duchesse d'Orléans et monsieur le duc d'Orléans seraient charmés de me voir, si je voulais aller au
Palais-Royal. On s'occupait alors de la déclaration qui
devait transformer la lieutenance générale du royaume
en royauté. Peut-être, avant que je me prononçasse,
S. A. R. avait-elle jugé à propos d'essayer d'affaiblir mon
opposition. Elle pouvait aussi penser que je me regar-
dais comme dégagé par la fuite des trois rois.

Ces ouvertures de M. de Montesquiou me surprirent.
Je ne les repoussai cependant pas; car, sans me flatter
d'un succès, je pensai que je pouvais faire entendre des
vérités utiles. Je me rendis au Palais-Royal avec le chevalier d'honneur de la reine future. Introduit par l'entrée qui donne sur la rue de Valois, je trouvai madame

la duchesse d'Orléans et madame Adélaïde dans leurs petits appartements. J'avais eu l'honneur de leur être présenté autrefois. Madame la duchesse d'Orléans me fit asseoir auprès d'elle, et sur-le-champ elle me dit : « Ah ! « monsieur de Chateaubriand, nous sommes bien mal- « heureux ! Si tous les partis voulaient se réunir, peut- « être pourrait-on encore se sauver. Que pensez-vous « de tout cela ?

« — Madame, répondis-je, rien n'est si aisé : Char- « les X et monsieur le Dauphin ont abdiqué : Henri est « maintenant le Roi ; monseigneur le duc d'Orléans est « lieutenant général du royaume : qu'il soit régent pen- « dant la minorité de Henri V, et tout est fini.

« — Mais, Monsieur de Chateaubriand, le peuple est « très-agité ; nous tomberons dans l'anarchie.

« Madame, oserai-je vous demander quelle est l'inten- « tion de monseigneur le duc d'Orléans ? Acceptera-t-il « la couronne si on la lui offre ? »

Les deux princesses hésitèrent à répondre. Madame la duchesse d'Orléans repartit après un moment de si- lence :

« Songez, monsieur de Chateaubriand, aux malheurs « qui peuvent arriver. Il faut que tous les honnêtes gens « s'entendent pour nous sauver de la République. A « Rome, monsieur de Chateaubriand, vous pourriez ren- « dre de si grands services, ou même ici, si vous ne vou- « liez plus quitter la France !

« — Madame n'ignore pas mon dévouement au jeune « Roi et à sa mère ?

« — Ah! monsieur de Chateaubriand, ils vous ont si
« bien traité !

« — Votre Altesse Royale ne voudrait pas que je dé-
« mentisse toute ma vie.

« Monsieur de Chateaubriand, vous ne connaissez pas
« ma nièce : elle est si légère!... pauvre Caroline!... Je
« vais envoyer chercher M. le duc d'Orléans, il vous
« persuadera mieux que moi. »

La princesse donna des ordres, et Louis-Philippe arriva au bout d'un demi-quart d'heure. Il était mal vêtu
et avait l'air extrêmement fatigué. Je me levai, et le
lieutenant général du royaume en m'abordant :

« — Madame la duchesse d'Orléans a dû vous dire
« combien nous sommes malheureux. »

Et sur-le-champ il fit une idylle sur le bonheur dont
il jouissait à la campagne, sur la vie tranquille et selon
ses goûts qu'il passait au milieu de ses enfants. Je saisis
le moment d'une pose entre deux strophes pour prendre à mon tour respectueusement la parole, et pour répéter à peu près ce que j'avais dit aux princesses.

« — Ah! s'écria-t-il, c'est là mon désir! Combien je
« serais satisfait d'être le tuteur et le soutien de cet en-
« fant! Je pense tout comme vous, monsieur de Chateau-
« briand : prendre le duc de Bordeaux serait certaine-
« ment ce qu'il y aurait de mieux à faire. Je crains seu-
« lement que les événements ne soient plus forts que
« nous. — Plus forts que nous, monseigneur? N'êtes-
« vous pas investi de tous les pouvoirs? Allons rejoin-

« dre Henri V; appelez auprès de vous hors de Paris
« les Chambres et l'armée. Sur le seul bruit de votre
« départ, toute cette effervescence tombera, et l'on cher-
« chera un abri sous votre pouvoir éclairé et pro-
« tecteur. »

Pendant que je parlais, j'observais Philippe. Mon conseil le mettait mal à l'aise; je lus écrit sur son front le
désir d'être Roi. « Monsieur de Chateaubriand, me dit-
« il sans me regarder, la chose est plus difficile que vous
« ne le pensez; cela ne va pas comme cela. Vous ne sa-
« vez pas dans quel péril nous sommes. Une bande fu-
« rieuse peut se porter contre les Chambres aux der-
« niers excès, et nous n'avons rien encore pour nous
« défendre. »

Cette phrase échappée à M. le duc d'Orléans me fit
plaisir parce qu'elle me fournissait une réplique pé-
remptoire. « Je conçois cet embarras, monseigneur; mais
« il y a un moyen sûr de l'écarter. Si vous ne croyez
« pas pouvoir rejoindre Henri V comme je le proposais
« tout à l'heure, vous pouvez prendre une autre route.
« La session va s'ouvrir: quelle que soit la première pro-
« position qui sera faite par les députés, déclarez que
« la Chambre actuelle n'a pas les pouvoirs nécessaires
« (ce qui est la vérité pure) pour disposer de la forme
« du gouvernement; dites qu'il faut que la France soit
« consultée, et qu'une nouvelle assemblée soit élue avec
« des pouvoirs *ad hoc* pour décider une aussi grande
« question. Votre Altesse Royale se mettra de la sorte

« dans la position la plus populaire; le parti républi-
« cain, qui fait aujourd'hui votre danger, vous portera
« aux nues. Dans les deux mois qui s'écouleront jus-
« qu'à l'arrivée de la nouvelle législature, vous organi-
« serez la garde nationale; tous vos amis et les amis du
« jeune Roi travailleront avec vous dans les provinces.
« Laissez venir alors les députés, laissez se plaider pu-
« bliquement à la tribune la cause que je défends. Cette
« cause, favorisée en secret par vous, obtiendra l'immense
« majorité des suffrages. Le moment d'anarchie étant
« passé, vous n'aurez plus rien à craindre de la violence
« des républicains. Je ne vois pas même qu'il soit très-dif-
« ficile d'attirer à vous le général La Fayette et M. Laffitte.
« Quel rôle pour vous, monseigneur! vous pouvez régner
« quinze ans sous le nom de votre pupille; dans quinze
« ans l'âge du repos sera arrivé pour nous tous; vous
« aurez eu la gloire unique dans l'histoire d'avoir pu
« monter au trône et de l'avoir laissé à l'héritier légi-
« time; en même temps vous aurez élevé cet enfant dans
« les lumières du siècle, et vous l'aurez rendu capable
« de régner sur la France: une de vos filles pourrait
« un jour porter le sceptre avec lui. »

Philippe promenait ses regards vaguement au-dessus
de sa tête: « Pardon, me dit-il, monsieur de Chateau-
« briand; j'ai quitté pour m'entretenir avec vous une
« députation auprès de laquelle il faut que je retourne.
« Madame la duchesse d'Orléans vous aura dit combien
« je serais heureux de faire ce que vous pourriez dé-

« sirer; mais, croyez-le bien, c'est moi qui retiens seul
« une foule menaçante. Si le parti royaliste n'est pas
« massacré il ne doit sa vie qu'à mes efforts.

« — Monseigneur, répondis-je à cette déclaration si
« inattendue et si loin du sujet de notre conversation,
« j'ai vu des massacres: ceux qui ont passé à travers la
« révolution sont aguerris. Les moustaches grises ne se
« laissent pas effrayer par les objets qui font peur aux
« conscrits. »

S. A. R. se retira, et j'allai retrouver mes amis:
« Eh bien? s'écrièrent-ils.
« — Eh bien, il veut être Roi.
« — Et madame la duchesse d'Orléans?
« — Elle veut être Reine.
« Ils vous l'on dit?
« — L'un m'a parlé de bergeries, l'autre des périls
« qui menaçaient la France et de la légèreté de la *pauvre*
« *Caroline;* tous deux ont bien voulu me faire entendre
« que je pourrais leur être utile, et ni l'un ni l'autre ne
« m'a regardé en face. »

Madame la duchesse d'Orléans désira me voir encore
une fois. M. le duc d'Orléans ne vint pas se mêler à
cette conversation. Madame Adélaïde s'y trouva comme
à la première. Madame la duchesse d'Orléans s'expliqua
plus clairement sur les faveurs dont monseigneur le
duc d'Orléans se proposait de m'honorer. Elle eut la
bonté de me rappeler ce qu'elle nommait ma puissance
sur l'opinion, les sacrifices que j'avais faits, l'aversion

que Charles X et sa famille m'avaient toujours montrée,
malgré mes services. Elle me dit que si je voulais rentrer au ministère des affaires étrangères, S. A. R. se
ferait un grand bonheur de me réintégrer dans cette
place; mais que j'aimerais peut-être mieux retourner à
Rome, et qu'elle (madame la duchesse d'Orléans) me
verrait prendre ce dernier parti avec un extrême plaisir, dans l'intérêt de notre sainte religion.

« Madame, répondis-je sur-le-champ avec une sorte
« de vivacité, je vois que le parti de monsieur le duc
« d'Orléans est pris, qu'il en a pesé les conséquences,
« qu'il a vu les années de misères et de périls divers
« qu'il aura à traverser; je n'ai donc plus rien à dire. Je ne
« viens point ici pour manquer de respect au sang des
« Bourbons; je ne dois, d'ailleurs, que de la reconnais-
« sance aux bontés de *madame*. Laissant donc de côté
« les grandes objections, les raisons puisées dans les
« principes et les évènements, je supplie V. A. R. de con-
« sentir à m'entendre en ce qui me touche.

« Elle a bien voulu me parler de ce qu'elle appelle
« ma puissance sur l'opinion. Eh bien ! si cette puissance
« est réelle, elle n'est fondée que sur l'estime publique;
« or, je la perdrais, cette estime, au moment où je chan-
« gerais de drapeau. Monsieur le duc d'Orléans aurait cru
« acquérir un appui, et il n'aurait à son service qu'un
« misérable faiseur de phrases, qu'un parjure dont la
« voix ne serait plus écoutée, qu'un renégat à qui cha-
« cun aurait le droit de jeter de la boue et de cracher

« au visage. Aux paroles incertaines qu'il balbutierait en
« faveur de Louis-Philippe, on lui opposerait les volu-
« mes entiers qu'il a publiés en faveur de la famille
« tombée. N'est-ce pas moi, madame, qui ai écrit la bro-
« chure *De Bonaparte et des Bourbons*, les articles sur
« *l'arrivée de Louis XVIII à Compiègne*, le *Rapport*
« *dans le conseil du Roi à Gand*, *l'Histoire de la vie et de*
« *la mort de M. le duc de Berry?* Je ne sais s'il y a une
« seule page de moi où le nom de mes anciens Rois ne se
« trouve pour quelque chose, et où il ne soit environné
« de mes protestations d'amour et de fidélité; chose qui
« porte un caractère d'attachement individuel d'autant
« plus remarquable, que *madame* sait que je ne crois
« pas aux Rois. A la seule pensée d'une désertion le
« rouge me monte au visage; j'irais le lendemain me
« jeter dans la Seine. Je supplie *madame* d'excuser la
« vivacité de mes paroles; je suis pénétré de ses bon-
« tés; j'en garderai un profond et reconnaissant souvenir,
« mais elle ne voudrait pas me déshonorer: plaignez-moi,
« madame, plaignez-moi! »

J'étais resté debout et, m'inclinant, je me retirai. Mademoiselle d'Orléans n'avait pas prononcé un mot. Elle
se leva et, en s'en allant, elle me dit: « Je ne vous
plains pas, monsieur de Chateaubriand, je ne vous plains
pas! » Je fus étonné de ce peu de mots et de l'accent
avec lequel ils furent prononcés.

Voilà ma dernière tentation politique; j'aurais pu me
croire un juste selon Saint-Hilaire, car il affirme que

les hommes sont exposés aux entreprises du diable en raison de leur sainteté: *Victoria ei est magis, exacta de sanctis:* « sa victoire est plus grande remportée sur des saints. » Mes refus étaient d'une dupe; où est le public pour les juger? n'aurais-je pas pu me ranger au nombre de ces hommes, fils vertueux de la terre, qui servent le *pays* avant tout? Malheureusement, je ne suis pas une créature du présent, et je ne veux point capituler avec la fortune. Il n'y a rien de commun entre moi et Cicéron; mais sa fragilité n'est pas une excuse: la postérité n'a pu pardonner un moment de faiblesse à un grand homme pour un autre grand homme; que serait-ce que ma pauvre vie perdant son seul bien, son intégrité, pour Louis-Philippe d'Orléans?

Le soir même de cette dernière conversation au Palais-Royal, je rencontrai chez madame Récamier M. de Saint-Aulaire. Je ne m'amusai point à lui demander son secret, mais il me demanda le mien. Il débarquait de la campagne encore tout chaud des événements qu'il avait lus: « Ah! s'écria-t-il, que je suis aise de vous voir! voilà « de belle besogne! J'espère que nous autres, au Luxem- « bourg, nous ferons notre devoir. Il serait curieux que « les pairs disposassent de la couronne de Henri V! « J'en suis bien sûr, vous ne me laisserez pas seul à la « tribune. »

Comme mon parti était pris, j'étais fort calme; ma réponse parut froide à l'ardeur de M. de Saint-Aulaire. Il sortit, vit ses amis, et me laissa seul à la tribune: vivent les gens d'esprit, à cœur léger et à tête frivole!

Dernier soupir du parti républicain.

Le parti républicain se débattait encore sous les pieds des amis qui l'avaient trahi. Le 6 août, une députation de vingt membres désignés par le comité central des douze arrondissements de Paris se présenta à la Chambre des députés pour lui remettre une adresse que le général Thiars et M. Dury-Dufresne escamotèrent à la bénévole députation. Il était dit dans cette adresse: « que « la nation ne pouvait reconnaître comme pouvoir con- « stitutionnel, ni une Chambre élective nommée durant « l'existence et sous l'influence de la royauté qu'elle a « renversée, ni une Chambre aristocratique, dont l'in- « stitution est en opposition directe avec les principes

« qui ont mis (à elle, la nation,) les armes à la main;
« que le comité central des douze arrondissements n'ac-
« cordant, comme nécessité révolutionnaire, qu'un pou-
« voir de fait et très-provisoire à la Chambre des dépu-
« tés actuels, pour aviser à toute mesure d'urgence,
« appelle de tous ses vœux l'élection libre et populaire
« de mandataires qui représentent réellement les besoins
« du peuple; que les assemblées primaires seules peu-
« vent amener ce résultat. S'il en était autrement, la na-
« tion frapperait de nullité tout ce qui tendrait à la
« gêner dans l'exercice de ses droits. »

Tout cela était la pure raison, mais le lieutenant général du royaume aspirait à la couronne, et les peurs et
les ambitions avaient hâte de la lui donner. Les plébéiens
d'aujourd'hui voulaient une révolution et ne savaient pas
la faire; les Jacobins, qu'ils ont pris pour modèles, auraient jeté à l'eau les hommes du Palais-Royal et les
bavards des deux Chambres. M. de La Fayette était réduit à des désirs impuissants: heureux d'avoir fait re-
vivre la garde nationale, il se laissa jouer comme un
vieux maillot par Philippe, dont il croyait être la nourrice; il s'engourdit dans cette félicité. Le vieux général
n'était plus que la liberté endormie, comme la république de 1793 n'était plus qu'une tête de mort.

La vérité est qu'une Chambre sans mandat et tron-
quée n'avait aucun droit de disposer de la couronne: ce
fut une Convention exprès réunie, formée de la chambre
des lords et d'une chambre des communes nouvellement

élue, qui disposa du trône de Jacques second. Il est encore certain que ce *croupion* de la Chambre des députés, que ces 221, imbus sous Charles X des traditions de la monarchie héréditaire, n'apportaient aucune disposition propre à la monarchie élective; ils l'arrêtent dès son début, et la forcent de rétrograder vers des principes de quasi-legitimité. Ceux qui ont forgé l'épée de la nouvelle royauté ont introduit dans sa lame une paille qui tôt ou tard la fera éclater.

Journée du 7 août. — Séance à la Chambre des pairs.
— Mon discours. — Je sors du palais du Luxembourg
pour n'y plus rentrer. — Mes démissions.

Le 7 août est un jour mémorable pour moi; c'est celui
où j'ai eu le bonheur de terminer ma carrière politique
comme je l'avais commencée; bonheur assez rare aujourd'hui pour qu'on puisse s'en réjouir. On avait ap-
porté à la Chambre des pairs la déclaration de la Chambre des députés concernant la vacance du trône. J'allai
m'asseoir à ma place dans le plus haut rang des fauteuils, en face du président. Les pairs me semblèrent à
la fois affairés et abattus. Si quelques-uns portaient sur
leur front l'orgueil de leur prochaine infidélité, d'autres
y portaient la honte des remords qu'ils n'avaient pas le
courage d'écouter. Je me disais, en regardant cette triste

assemblée : « Quoi ! ceux qui ont reçu les bienfaits de Charles X dans sa prospérité vont le déserter dans son infortune ! Ceux dont la mission spéciale était de défendre le trône héréditaire, ces hommes de cour qui vivaient dans l'intimité du roi ! le trahiront-ils ? ils veillaient à sa porte à Saint-Cloud ; ils l'ont embrassé à Rambouillet ; il leur a pressé la main dans un dernier adieu ; vont-ils lever contre lui cette main, toute chaude encore de cette dernière étreinte ? Cette Chambre, qui retentit pendant quinze années de leurs protestations de dévouement, va-t-elle entendre leur parjure ? C'est pour eux, cependant que Charles X s'est perdu ; c'est eux qui le poussaient aux ordonnances ; ils trépignaient de joie lorsqu'elles parurent et lorsqu'ils se crurent vainqueurs dans cette minute muette qui précède la chute du tonnerre.

Ces idées roulaient confusément et douloureusement dans mon esprit. La pairie était devenue le triple réceptacle des corruptions de la vieille Monarchie, de la République et de l'Empire. Quant aux républicains de 1795, transformés en sénateurs, quant aux généraux de Bonaparte, je n'attendais d'eux que ce qu'ils ont toujours fait : ils déposèrent l'homme extraordinaire auquel ils devaient tout, ils allaient déposer le roi qui les avait confirmés dans les biens et dans les honneurs dont les avait comblés leur premier maître. Que le vent tourne, et ils déposeront l'usurpateur auquel ils se préparaient à jeter la couronne.

Je montai à la tribune. Un silence profond se fit; les visages parurent embarrassés, chaque pair se tourna de côté sur son fauteuil et regarda la terre. Hormis quelques pairs résolus à se retirer comme moi, personne n'osa lever les yeux à la hauteur de la tribune. Je conserve mon discours parce qu'il résume ma vie, et que c'est mon premier titre à l'estime de l'avenir.

« Messieurs,

« La déclaration apportée à cette Chambre est beau-
« coup moins compliquée pour moi que pour ceux de
« MM. les pairs qui professent une opinion différente de
« la mienne. Un fait, dans cette déclaration, domine à
« mes yeux tous les autres, ou plutôt les détruit. Si nous
« étions dans un ordre de choses régulier, j'examine-
« rais sans doute avec soin les changements qu'on pré-
« tend opérer dans la Charte. Plusieurs de ces change-
« ments ont été par moi-même proposés. Je m'étonne
« seulement qu'on ait pu entretenir cette Chambre de
« la mesure réactionnaire touchant les pairs de la créa-
« tion de Charles X. Je ne suis pas suspect de faiblesse
« pour les fournées, et vous savez que j'en ai combattu
« même la menace; mais nous rendre les juges de nos
« collègues, mais rayer du tableau des pairs qui l'on
« voudra, toutes les fois que l'on sera le plus fort, cela
« ressemble trop à la proscription. Veut-on détruire la
« pairie? Soit: mieux vaut perdre la vie que de la de-
« mander.

« Je me reproche déjà ce peu de mots sur un détail
« qui, tout important qu'il est, disparaît dans la gran-
« deur de l'événement. La France est sans direction, et
« j'irais m'occuper de ce qu'il faut ajouter ou retrancher
« aux mâts d'un navire dont le gouvernail est arraché!
« J'écarte donc de la déclaration de la Chambre élective
« tout ce qui est d'un intérêt secondaire, et m'en tenant
« au seul fait énoncé de la vacance vraie ou prétendue
« du trône, je marche droit au but.

« Une question préalable doit être traitée; si le trône
« est vacant, nous sommes libres de choisir la forme de
« notre gouvernement.

« Avant d'offrir la couronne à un individu quelcon-
« que, il est bon de savoir dans quelle espèce d'ordre
« politique nous constituerons l'ordre social. Établirons
« nous une république ou une monarchie nouvelle?

« Une république ou une monarchie nouvelle offre-t-
« elle à la France des garanties suffisantes de durée, de
« force et de repos?

« Une république aurait d'abord contre elle les sou-
« venirs de la république même. Ces souvenirs ne sont
« nullement effacés. On n'a pas oublié le temps où la
« mort, entre la liberté et l'égalité, marchait appuyée
« sur leurs bras. Quand vous seriez tombés dans une
« nouvelle anarchie, pourriez-vous réveiller sur son ro-
« cher l'Hercule qui fut seul capable d'étouffer le mons-
« tre? Dans quelque mille ans, votre postérité pourra
« voir un autre Napoléon. Quant à vous, ne l'attendez pas.

« Ensuite, dans l'état de nos mœurs et dans nos rap-
« ports avec les gouvernements qui nous environnent,
« la république, sauf erreur, ne me paraît pas exécuta-
« ble maintenant. La première difficulté serait d'amener
« les Français à un vote unanime. Quel droit la popu-
« lation de Paris aurait-elle de contraindre la popula-
« tion de Marseille ou de telle autre ville de se consti-
« tuer en république? Y aurait-il une seule république
« ou vingt ou trente républiques? Seraient-elles fédéra-
« tives ou indépendantes? Passons par-dessus ces obsta-
« cles. Supposons une république unique: avec notre
« familiarité naturelle, croyez-vous qu'un président, quel-
« que grave, quelque respectable, quelque habile qu'il
« puisse être, soit un an à la tête des affaires sans être tenté
« de se retirer? Peu défendu par les lois et par les souve-
« nirs, contrarié, avili, insulté soir et matin par des rivaux
« secrets et par des agents de trouble, il n'inspirera pas
« assez de confiance au commerce et à la propriété; il
« n'aura ni la dignité convenable pour traiter avec les
« cabinets étrangers, ni la puissance nécessaire au main-
« tien de l'ordre intérieur. S'il use de mesures révolu-
« tionnaires, la République deviendra odieuse; l'Europe
« inquiète profitera de ces divisions, les fomentera, in-
« terviendra, et l'on se trouvera de nouveau engagé
« dans des luttes effroyables. La République représen-
« tative est sans doute l'état futur du monde, mais son
« temps n'est pas encore arrivé.

« Je passe à la monarchie.

« Un roi nommé par les Chambres ou élu par le peu-
« ple sera toujours, quoi qu'on fasse, une nouveauté. Or,
« je suppose qu'on veut la liberté, surtout la liberté de la
« presse, par laquelle et pour laquelle le peuple vient
« de remporter une si étonnante victoire. Eh bien !
« toute monarchie nouvelle sera forcée, ou plus tôt ou
« plus tard, de bâillonner cette liberté. Napoléon, lui-
« même, a-t-il pu l'admettre? Fille de nos malheurs et
« esclave de notre gloire, la liberté de la presse ne vit
« en sûreté qu'avec un gouvernement dont les racines
« sont déjà profondes. Une monarchie, bâtarde d'une
« nuit sanglante, n'aurait-elle rien à redouter de l'indé-
« pendance des opinions? Si ceux-ci peuvent prêcher
« la république, ceux-là un autre système, ne craignez-
« vous pas d'être bientôt obligés de recourir à des lois
« d'exception, malgré l'anathème contre la censure ajouté
« à l'article 8 de la Charte?

« Alors, amis de la liberté réglée, qu'aurez-vous gagné
« au changement qu'on vous propose? Vous tomberez
« de force dans la république, ou dans la servitude lé-
« gale. La monarchie sera débordée et emportée par le
« torrent des lois démocratiques, ou le monarque par le
« mouvement des factions.

« Dans le premier enivrement d'un succès, on se figure
« que tout est aisé; on espère satisfaire toutes les exi-
« gences, toutes les humeurs, tous les intérêts; on se
« flatte que chacun mettra de côté ses vues personnelles
« et ses vanités; on croit que la supériorité des lumiè-

« res et la sagesse du gouvernement surmonteront des
« difficultés sans nombre; mais, au bout de quelques
« mois, la pratique vient démentir la théorie.

« Je ne vous présente, messieurs, que quelques-uns
« des inconvénients attachés à la formation d'une répu-
« blique ou d'une monarchie nouvelle. Si l'une et l'autre
« ont des périls, il restait un troisième parti, et ce parti
« valait bien la peine qu'on en eût dit quelques mots.

« D'affreux ministres ont souillé la couronne, et ils
« ont soutenu la violation de la loi par le meurtre; ils
« se sont joués des serments faits au ciel, des lois jurées
« à la terre.

« Étrangers, qui deux fois êtes entrés à Paris sans ré-
« sistance, sachez la vraie cause de vos succès; vous vous
« présentiez au nom du pouvoir légal. Si vous accouriez
« aujourd'hui au secours de la tyrannie, pensez-vous
« que les portes de la capitale du monde civilisé s'ou-
« vriraient aussi facilement devant vous? La nation fran-
« çaise a grandi, depuis votre départ, sous le régime
« des lois constitutionnelles, nos enfants de quatorze ans
« sont des géants; nos conscrits à Alger, nos écoliers à
« Paris, viennent de vous révéler les fils des vainqueurs
« d'Austerlitz, de Marengo et d'Iena; mais les fils forti-
« fiés de tout ce que la liberté ajoute à la gloire.

« Jamais défense ne fut plus légitime et plus héroï-
« que que celle du peuple de Paris. Il ne s'est point sou-
« levé contre la loi; tant qu'on a respecté le pacte so-
« cial, le peuple est demeuré paisible; il a supporté sans

« se plaindre les insultes, les provocations, les menaces;
« il devait son argent et son sang en échange de la Char-
« te, il a prodigué l'un et l'autre.

« Mais lorsqu'après avoir menti jusqu'à la dernière
« heure, on a tout à coup sonné la servitude; quand la
« conspiration de la bêtise et de l'hypocrisie a soudai-
« nement éclaté; quand une terreur de château organi-
« sée par des eunuques a cru pouvoir remplacer la ter-
« reur de la République et le joug de fer de l'Empire,
« alors ce peuple s'est armé de son intelligence et de
« son courage; il s'est trouvé que ces *boutiquiers* res-
« piraient assez facilement la fumée de la poudre, et
« qu'il fallait plus de *quatre soldats et un caporal* pour
« les réduire. Un siècle n'aurait pas autant mûri les des-
« tinées d'un peuple que les trois derniers soleils qui
« viennent de briller sur la France. Un grand crime a
« eu lieu; il a produit l'énergique explosion d'un prin-
« cipe; devait-on, à cause de ce crime et du triomphe
« moral et politique qui en a été la suite, renverser l'or-
« dre de choses établi? Examinons:

« Charles X et son fils sont déchus ou ont abdiqué,
« comme il vous plaira de l'entendre; mais le trône n'est
« pas vacant; après eux venait un enfant; devait-on con-
« damner son innocence?

« Quel sang crie aujourd'hui contre lui? oseriez-vous
« dire que c'est celui de son père? Cet orphelin, élevé
« aux écoles de la patrie dans l'amour du gouvernement
« constitutionnel et dans les idées de son siècle, aurait

« pu devenir un roi en rapport avec les besoins de l'a-
« venir. C'est au gardien de sa tutelle que l'on aurait fait
« jurer la déclaration sur laquelle vous allez voter; ar-
« rivé à sa majorité, le jeune monarque aurait renouvelé
« le serment. Le roi présent, le roi actuel aurait été M. le
« duc d'Orléans, régent du royaume, prince qui a vécu
« près du peuple, et qui sait que la monarchie ne peut
« être aujourd'hui qu'une monarchie de consentement
« et de raison. Cette combinaison naturelle m'eût sem-
« blé un grand moyen de conciliation, et aurait peut-être
« sauvé à la France ces agitations qui sont la consé-
« quence des violents changements d'un État.

« Dire que cet enfant, séparé de ses maîtres, n'aurait
« pas le temps d'oublier jusqu'à leurs noms avant de
« devenir homme; dire qu'il demeurerait infatué de cer-
« tains dogmes de naissance après une longue éduca-
« tion populaire, après la terrible leçon qui a précipité
« deux rois en deux nuits, est-ce bien raisonnable?

« Ce n'est ni par un dévouement sentimental ni par
« un attendrissement de nourrice transmis de maillot en
« maillot depuis le berceau de Henri IV jusqu'à celui du
« jeune Henri, que je plaide une cause où tout se tour-
« nerait de nouveau contre moi, si elle triomphait. Je
« ne vise ni au roman, ni à la chevalerie, ni au martyre;
« je ne crois pas au droit divin de la royauté, et je crois
« à la puissance des révolutions et des faits. Je n'invo-
« que pas même la Charte, je prends mes idées plus haut;
« je les tire de la sphère philosophique de l'époque où

« ma vie expire: je propose le duc de Bordeaux tout sim-
« plement, comme une nécessité de meilleur aloi que celle
« dont on argumente.

« Je sais qu'en éloignant cet enfant, on veut établir
« le principe de la souveraineté du peuple: niaiserie de
« l'ancienne école, qui prouve que, sous le rapport po-
« litique, nos vieux démocrates n'ont pas fait plus de
« progrès que les vétérans de la royauté. Il n'y a de
« souveraineté absolue nulle part; la liberté ne découle
« pas du droit politique, comme on le supposait au dix-
« huitième siècle; elle vient du droit naturel, ce qui fait
« qu'elle existe dans toutes les formes de gouvernement,
« et qu'une monarchie peut être libre et beaucoup plus
« libre qu'une république; mais ce n'est ni le temps ni
« le lieu de faire un cours de politique.

« Je me contenterai de remarquer que, lorsque le peu-
« ple a disposé des trônes, il a souvent aussi disposé de
« sa liberté; je ferai observer que le principe de l'héré-
« dité monarchique, absurde au premier abord, a été re-
« connu, par l'usage, préférable au principe de la mo-
« narchie élective. Les raisons en sont si évidentes, que
« je n'ai pas besoin de les développer. Vous choisissez
« un roi aujourd'hui: qui vous empêchera d'en choisir
« un autre demain? La loi, direz-vous. La loi? et c'est
« vous qui la faites!

« Il est encore une manière plus simple de trancher
« la question, c'est de dire: Nous ne voulons plus de la
« branche aînée des Bourbons. Et pourquoi n'en voulez-

« vous plus? Parce que nous sommes victorieux; nous
« avons triomphé dans une cause juste et sainte; nous
« usons d'un double droit de conquête.

« Très-bien: vous proclamez la souveraineté de la for-
« ce. Alors gardez soigneusement cette force; car si dans
« quelques mois elle vous échappe, vous serez mal venus
« à vous plaindre. Telle est la nature humaine! Les es-
« prits les plus éclairés et les plus justes ne s'élèvent pas
« toujours au-dessus d'un succès. Ils étaient les premiers
« ces esprits, à invoquer le droit contre la violence; ils
« appuyaient ce droit de toute la supériorité de leur ta-
« lent, et, au moment même où la vérité de ce qu'ils di-
« saient est démontrée par l'abus le plus abominable de
« la force et par le renversement de cette force, les
« vainqueurs s'emparent de l'arme qu'ils ont brisée!
« Dangereux tronçons, qui blesseront leur main sans
« les servir.

« J'ai transporté le combat sur le terrain de mes ad-
« versaires; je ne suis point allé bivouaquer dans le passé
« sous le vieux drapeau des morts, drapeau qui n'est pas
« sans gloire, mais qui pend le long du bâton qui le
« porte, parce qu'aucun souffle de la vie ne le soulève.
« Quand je remuerais la poussière des trente-cinq Ca-
« pets, je n'en tirerais pas un argument qu'on voulût
« seulement écouter. L'idolâtrie d'un nom est abolie; la
« monarchie n'est plus une religion: c'est une forme po-
« litique préférable dans ce moment à toute autre, parce
« qu'elle fait mieux entrer l'ordre dans la liberté.

« Inutile Cassandre, j'ai assez fatigué le trône et la
« patrie de mes avertissements dédaignés; il ne me reste
« qu'à m'asseoir sur les débris d'un naufrage que j'ai
« tant de fois prédit. Je reconnais au malheur toutes les
« sortes de puissances, excepté celle de me délier de mes
« serments de fidélité. Je dois aussi rendre ma vie uni-
« forme: après tout ce que j'ai fait, dit et écrit pour les
« Bourbons, je serais le dernier des misérables si je les
« reniais au moment où, pour la troisième et dernière
« fois, ils s'acheminent vers l'exil.

« Je laisse la peur à ces généreux royalistes qui n'ont
« jamais sacrifié une obole ou une place à leur loyauté;
« à ces champions de l'autel et du trône, qui naguère
« me traitaient de renégat, d'apostat et de révolutionnaire.
« Pieux libellistes, le renégat vous appelle ! Venez donc
« balbutier un mot, un seul mot avec lui pour l'infor-
« tuné maître qui vous combla de ses dons et que vous
« avez perdu ! Provocateurs de coups d'État, prédicateurs
« du pouvoir constituant, où êtes-vous? Vous vous ca-
« chez dans la boue du fond de laquelle vous leviez vail-
« lamment la tête pour calomnier les vrais serviteurs du
« Roi; votre silence d'aujourd'hui est digne de votre
« langage d'hier. Que tous ces preux, dont les exploits
« projetés ont fait chasser les descendants d'Henri IV à
« coups de fourches, tremblent maintenant accroupis sous
« la cocarde tricolore: c'est tout naturel. Les nobles cou-
« leurs dont ils se parent protégeront leur personne, et
« ne couvriront pas leur lâcheté.

« Au surplus, en m'exprimant avec franchise à cette
« tribune, je ne crois pas du tout faire un acte d'hé-
« roïsme. Nous ne sommes plus dans ces temps où une
« opinion coûtait la vie; y fussions-nous, je parlerais cent
« fois plus haut. Le meilleur bouclier est une poitrine
« qui ne craint pas de se montrer découverte à l'enne-
« mi. Non, messieurs, nous n'avons à craindre ni un
« peuple dont la raison égale le courage, ni cette gé-
« néreuse jeunesse que j'admire, avec laquelle je sym-
« pathise de toutes les facultés de mon ame, à laquelle
« je souhaite, comme à mon pays, honneur, gloire et
« liberté.

« Loin de moi surtout la pensée de jeter des semences
« de division dans la France, et c'est pourquoi j'ai re-
« fusé à mon discours l'accent des passions. Si j'avais la
« conviction intime qu'un enfant doit être laissé dans les
« rangs obscurs et heureux de la vie, pour assurer le
« repos de trente-trois millions d'hommes, j'aurais re-
« gardé comme un crime toute parole en contradiction
« avec le besoin des temps: je n'ai pas cette conviction.
« Si j'avais le droit de disposer d'une couronne, je la
« mettrais volontiers aux pieds de M. le duc d'Orléans.
« Mais je ne vois de vacant qu'un tombeau à Saint-Denis,
« et non un trône.

« Quelles que soient les destinées qui attendent M. le
« lieutenant général du royaume, je ne serai jamais son
« ennemi s'il fait le bonheur de ma patrie. Je ne demande
« à conserver que la liberté de ma conscience et le droit

« d'aller mourir partout où je trouverai indépendance
« et repos.

« Je vote contre le projet de déclaration. »

J'avais été assez calme en commençant ce discours;
mais peu à peu l'émotion me gagna; quand j'arrivai à
ce passage: *Inutile Cassandre, j'ai assez fatigué le trône
et la patrie de mes avertissements dédaignés*, ma voix
s'embarrassa, et je fus obligé de porter mon mouchoir
à mes yeux, pour supprimer des pleurs de tendresse et
d'amertume. L'indignation me rendit la parole dans le
paragraphe qui suit: *Pieux libellistes, le renégat vous
appelle! Venez donc balbutier un mot, un seul mot avec
lui pour l'infortuné maître qui vous combla de ses dons
et que vous avez perdu!* Mes regards se portaient alors
sur les rangs à qui j'adressais ces paroles.

Plusieurs pairs semblaient anéantis; ils s'enfonçaient
dans leur fauteuil au point que je ne les voyais plus
derrière leurs collègues assis immobiles devant eux. Ce
discours eut quelque retentissement: tous les partis y
étaient blessés, mais tous se taisaient, parce que j'avais
placé auprès de grandes vérités un grand sacrifice. Je
descendis de la tribune; je sortis de la salle, je me rendis au vestiaire, je mis bas mon habit de pair, mon
épée, mon chapeau à plumet; j'en détachai la cocarde
blanche; je la mis dans la petite poche du côté gauche
de la redingote noire que je revêtis et que je croisai
sur mon cœur. Mon domestique emporta la défroque de
la pairie, et j'abandonnai, en secouant la poussière de

mes pieds, ce palais des trahisons, où je ne rentrerai de
ma vie.

Le 10 et le 12 août, j'achevai de me dépouiller et j'en-
voyai ces diverses démissions :

« Monsieur le président de la Chambre des pairs,

« Ne pouvant prêter serment de fidélité à Louis-Phi-
« lippe d'Orléans comme roi des Français, je me trouve
« frappé d'une incapacité légale qui m'empêche d'assis-
« ter aux séances de la Chambre héréditaire. Une seule
« marque des bontés du Roi Louis XVIII et de la mu-
« nificence royale me reste: c'est une pension de pair de
« douze mille francs, laquelle me fut donnée pour main-
« tenir, sinon avec éclat, du moins avec l'indépendance
« des premiers besoins, la haute dignité à laquelle j'a-
« vais été appelé. Il ne serait pas juste que je conser-
« vasse une faveur attachée à l'exercice de fonctions
« que je ne puis remplir. En conséquence, j'ai l'hon-
« neur de résigner entre vos mains ma pension de
« pair. »

« Paris, ce 12 août 1830.

« Monsieur le ministre des finances,

« Il me reste des bontés de Louis XVIII et de la mu-
« nificence nationale une pension de pair de douze mille

« francs, transformée en rente viagères inscrites au grand-
« livre de la dette publique et transmissibles seulement
« à la première génération directe du titulaire. Ne pou-
« vant prêter serment à monseigneur le duc d'Orléans
« comme roi des Français, il ne serait pas juste que je
« continuasse de toucher une pension attachée à des
« fonctions que je n'exerce plus. En conséquence, je
« viens la résigner entre vos mains : elle aura cessé de
« courir pour moi depuis le jour (10 août) où j'ai écrit
« à M. le président de la Chambre des pairs qu'il m'é-
« tait impossible de prêter le serment exigé.

« J'ai l'honneur d'être avec une haute, etc. »

« Paris, ce 12 août 1830.

« Monsieur le grand référendaire,

« J'ai l'honneur de vos envoyer copie des deux lettres
« que j'ai adressées, l'une à M. le président de la Cham-
« bre des pairs, l'autre à M. le ministre des finances.
« Vous y verrez que je renonce à ma pension de pair,
« et qu'en conséquence mon fondé de pouvoirs n'aura à
« toucher de cette pension que la somme échue au
« 10 août, jour où j'ai annoncé que j'ai refusé le ser-
« ment.

« J'ai l'honneur d'être avec une haute, etc. »

« Paris, ce 12 août 1850.

« Monsieur le ministre de la justice,

« J'ai l'honneur de vous envoyer ma démission de « ministre d'État.

« Je suis avec une haute considération,

« Monsieur le ministre de la justice,

« Votre très-humble et très-obéissant « serviteur. »

Je restai nu comme un petit saint Jean; mais depuis longtemps j'étais accoutumé à me nourrir du miel sauvage, et je ne craignais pas que la fille d'Hérodiade eût envie de ma tête grise.

Mes broderies, dragonnes, franges, torsades, épaulettes, vendues à un juif, et par lui fondues, m'ont rapporté sept cents francs, produit net de toutes mes grandeurs.

Charles X s'embarque à Cherbourg.

Maintenant, qu'était devenu Charles X? Il cheminait vers son exil, accompagné de ses gardes du corps, surveillé par ses trois commissaires, traversant la France sans exciter même la curiosité des paysans qui labouraient leurs sillons sur le bord du grand chemin. Dans deux ou trois petites villes, des mouvements hostiles se manifestèrent; dans quelques autres, des bourgeois et des femmes donnèrent des signes de pitié. Il faut se souvenir que Bonaparte ne fit pas plus de bruit en se rendant de Fontainebleau à Toulon, que la France ne s'émut pas davantage, et que le gagneur de tant de batailles faillit d'être massacré à Orgon. Dans ce pays fatigué, les plus grands évènements ne sont plus que des drames joués pour notre divertissement: ils occupent le spectateur tant que la toile est levée, et, lorsque le rideau tombe, ils ne laissent qu'un vain souvenir. Parfois Charles X et sa famille s'arrêtaient dans de méchantes stations de rouliers, pour prendre un repas sur le bout d'une table sale où des charretiers avaient dîné avant lui. Henri V et sa sœur s'amusaient dans la cour avec les poulets et les pigeons de l'auberge. Je l'avais dit: la monarchie s'en allait, et l'on se mettait à la fenêtre pour la voir passer.

Le ciel en ce moment se plut à insulter le parti vainqueur et le parti vaincu. Tandis que l'on soutenait que la France *entière* avait été indignée des ordonnances, il arriva au roi Philippe des adresses de la province, envoyées au roi Charles X pour féliciter celui-ci *sur les mesures salutaires qu'il avait prises et qui sauvaient la monarchie.*

Le bey de Titery, de son côté, expédiait au monarque détrôné, qui cheminait vers Cherbourg, la soumission suivante.

« Au nom de Dieu, etc., etc....., je reconnais pour « seigneur et souverain absolu le grand Charles X, le « victorieux; je lui payerai le tribut, etc..... » On ne peut se jouer plus ironiquement de l'une et de l'autre fortune. On fabrique aujourd'hui les révolutions à la machine; elles sont faites si vite qu'un monarque, roi encore sur la frontière de ses États, n'est déjà plus qu'un banni dans sa capitale.

Dans cette insouciance du pays pour Charles X, il y a autre chose que de la lassitude : il y faut reconnaître le progrès de l'idée démocratique et de l'assimilation des rangs. A une époque antérieure, la chute d'un roi de France eût été un événement énorme; le temps a descendu le monarque de la hauteur où il était placé, il l'a rapproché de nous, il a diminué l'espace qui le séparait des classes populaires. Si l'on était peu surpris de rencontrer le fils de saint Louis sur le grand chemin comme tout le monde, ce n'était point par un esprit de haine ou de système, c'était tout simplement par ce sentiment du niveau social, qui a pénétré les esprits et qui agit sur les masses sans qu'elles s'en doutent.

Malédiction, Cherbourg, à tes parages sinistres! C'est auprès de Cherbourg que le vent de la colère jeta Édouard III pour ravager notre pays; c'est non loin de Cherbourg que le vent d'une victoire ennemie brisa la flotte de Tourville; c'est à Cherbourg que le vent d'une prospérité menteuse repoussa Louis XVI vers son échafaud; c'est à Cherbourg que le vent de ne sais quelle rive a emporté nos derniers princes. Les côtes de la Grande-Bretagne, qu'aborda Guillaume le Conquérant, ont vu débarquer Charles le dixième sans pennons et sans lance; il est allé retrouver à Holy-Rood les souvenirs de sa jeunesse, appendus aux murailles du château des Stuarts, comme de vieilles gravures jaunies par le temps.

Ce que sera la révolution de Juillet.

J'ai peint les trois journées à mesure qu'elles se sont déroulées devant moi; une certaine couleur de contemporanéité, vraie dans le moment qui s'écoule, fausse après le moment écoulé, s'étend donc sur le tableau. Il n'est révolution si prodigieuse qui, décrite de minute en minute, ne se trouvât réduite aux plus petites proportions. Les événements sortent du sein des choses, comme les hommes du sein de leurs mères, accompagnés des infirmités de la nature. Les misères et les grandeurs sont sœurs jumelles, elles naissent ensemble; mais quand les couches sont vigoureuses, les misères à une certaine époque meurent, les grandeurs seules vivent. Pour juger impartialement de la vérité qui doit rester, il faut donc se placer au point de vue d'où la postérité contemplera le fait accompli.

Me dégageant des mesquineries de caractère et d'action dont j'avais été le témoin, ne prenant des journées de juillet que ce qui en demeurera, j'ai dit avec justice dans mon discours à la Chambre des pairs : « Ce peu- « ple s'étant armé de son intelligence et de son cou- « rage, il s'est trouvé que ces boutiquiers respiraient « assez facilement l'odeur de la poudre, et qu'il fallait « plus de quatre soldats et un caporal pour les réduire. « Un siècle n'aurait pas autant mûri les destinées d'un « peuple que les trois derniers soleils qui viennent de « briller sur la France. »

En effet, le peuple proprement dit a été brave et généreux dans la journée du 28. La garde avait perdu plus de trois cents hommes, tués ou blessés; elle rendit pleine justice aux classes pauvres, qui seules se battirent dans cette journée, et parmi lesquelles se mêlèrent des hommes impurs, mais qui n'ont pu les déshonorer. Les élèves de l'École polytechnique, sortis trop tard de leur école le 28 pour prendre part aux affaires, furent mis par le peuple à sa tête le 29, avec une simplicité et une naïveté admirables.

Des champions absents des luttes soutenues par ce peuple vinrent se réunir à ses rangs le 29, quand le plus grand péril fut passé; d'autres, également vainqueurs, ne rejoignirent la victoire que le 30 et le 31.

Du côté des troupes, ce fut à peu près la même chose, il n'y eut guère que les soldats et les officiers d'engagés ; l'état-major, qui avait déjà déserté Bonaparte à Fontainebleau, se tint sur les hauteurs de Saint-Cloud, regardant de quel côté le vent poussait la fumée de la poudre. On faisait queue au lever de Charles X ; à son coucher il ne trouva personne.

La modération des classes plébéiennes égala leur courage ; l'ordre résulta subitement de la confusion. Il faut avoir vu des ouvriers demi-nus, placés en faction à la porte des jardins publics, empêcher selon leur consigne d'autres ouvriers déguenillés de passer, pour se faire une idée de cette puissance du devoir qui s'était emparée des hommes demeurés les maîtres. Ils auraient pu se payer le prix de leur sang, et se laisser tenter par leur misère. On ne vit point, comme au 10 août 1792, les Suisses massacrés dans la fuite. Toutes les opinions furent respectées ; jamais, à quelques exceptions près, on n'abusa moins de la victoire. Les vainqueurs, portant les blessés de la garde à travers la foule, s'écriaient : « Respect aux braves ! » Le soldat venait-il à expirer, ils disaient : « Paix aux morts ! » Les quinze années de la restauration, sous un régime constitutionnel, avaient fait naître parmi nous cet esprit d'humanité, de légalité et de justice, que vingt-cinq années de l'esprit révolutionnaire et guerrier n'avaient pu produire. Le droit de la force introduit dans nos mœurs semblait être devenu le droit commun.

Les conséquences de la révolution de juillet seront mémorables. Cette révolution a prononcé un arrêt contre tous les trônes; les rois ne pourront régner aujourd'hui que par la violence des armes ; moyen assuré pour un moment, mais qui ne saurait durer; l'époque des janissaires successifs est finie.

Thucydide et Tacite ne nous raconteraient pas bien les événements des trois jours; il nous faudrait Bossuet pour nous expliquer les événements dans l'ordre de la Providence ; génie qui voyait tout, mais sans franchir les limites posées à sa raison et à sa splendeur, comme le soleil qui roule entre deux bornes éclatantes, et que les Orientaux appellent l'*esclave* de Dieu.

Ne cherchons pas si près de nous le moteur d'un mouvement placé plus loin: la médiocrité des hommes, les frayeurs folles, les brouilleries inexplicables, les haines, les ambitions, la présomption des uns, le préjugé des autres, les conspirations secrètes, les ventes, les mesures bien ou mal prises, le courage ou le défaut de courage; toutes ces choses sont les accidents, non les causes de l'événement. Lorsqu'on dit que l'on ne voulait plus les Bourbons, qu'ils étaient devenus odieux parce qu'on les supposait imposés par l'étranger à la France, ce dégoût superbe n'explique rien d'une manière suffisante. .

Le mouvement de juillet ne tient point à la politique proprement dite; il tient à la révolution sociale qui agit sans cesse. Par l'enchaînement de cette révolution gé-

nérale, le 28 juillet 1830 n'est que la suite forcée du 21
janvier 1793. Le travail de nos premières assemblées dé-
libérantes avait été suspendu, il n'avait pas été terminé.
Dans le cours de vingt années, les Français s'étaient ac-
coutumés, de même que les Anglais sous Cromwell, à
être gouvernés par d'autres maîtres que par leurs anciens souverains. La chute de Charles X est la conséquence de la décapitation de Louis XVI, comme le dé-
trônement de Jacques II est la conséquence de l'assas-
sinat de Charles Ier. La révolution parut s'éteindre dans
la gloire de Bonaparte et dans les libertés de Louis XVIII,
mais son germe n'était pas détruit : déposé au fond de
nos mœurs, il s'est développé quand les fautes de la
Restauration l'ont réchauffé, et bientôt il a éclaté.

Les conseils de la Providence se découvrent dans le
changement antimonarchique qui s'opère. Que des esprits superficiels ne voient dans la révolution des trois
jours qu'une échauffourée, c'est tout simple ; mais les
hommes réfléchis savent qu'un pas énorme a été fait :
le principe de la souveraineté du peuple est substitué
au principe de la souveraineté royale, la monarchie héréditaire changée en monarchie élective. Le 21 janvier
avait appris qu'on pouvait disposer de la tête d'un roi ; le
29 juillet a montré qu'on peut disposer d'une couronne.
Or, toute vérité bonne ou mauvaise qui se manifeste de-
meure acquise à la foule. Un changement cesse d'être
inouï, extraordinaire ; il ne se présente plus comme im-
pie à l'esprit et à la conscience, quand il résulte d'une

idée devenue populaire. Les Francs exercèrent collecti-
vement la souveraineté, ensuite ils la déléguèrent à quelques chefs; puis ces chefs la confièrent à un seul; puis
ce chef unique l'usurpa au profit de sa famille. Maintenant on rétrograde de la royauté héréditaire à la royauté
élective, de la monarchie élective on glissera dans la république. Telle est l'histoire de la société; voilà par quels
degrés le gouvernement sort du peuple et y rentre.

Ne pensons donc pas que l'œuvre de juillet soit une
superfétation d'un jour; ne nous figurons pas que la légitimité va venir rétablir incontinent la succession par
droit de primogéniture; n'allons pas non plus nous persuader que juillet mourra tout à coup de sa belle mort.
Sans doute la branche d'Orléans ne prendra pas racine;
ce ne sera pas pour ce résultat que tant de sang, de ca-
lamité et de génie aura été dépensé depuis un demi-
siècle! Mais juillet, s'il n'amène pas la destruction finale
de la France avec l'anéantissement de toutes les libertés, juillet portera son fruit naturel: ce fruit est la démocratie. Ce fruit sera peut-être amer et sanglant; mais
la monarchie est une greffe étrangère qui ne prendra
pas sur une tige républicaine.

Ainsi, ne confondons pas le roi improvisé avec la
révolution dont il est né par hasard: celle-ci, telle
que nous la voyons agir, est en contradiction avec
ses principes; elle ne semble pas née viable parce
qu'elle est mulctée d'un trône; mais qu'elle se traîne
seulement quelques années, cette révolution, ce qui

sera venu, ce qui s'en sera allé changera les données qui restent à connaître. Les hommes faits meurent ou ne voient plus les choses comme ils les voyaient; les adolescents atteignent l'âge de raison; les générations nouvelles rafraîchissent des générations corrompues; les langes trempés des plaies d'un hôpital, rencontrés par un grand fleuve, ne souillent que le flot qui passe sous ces corruptions : en aval et en amont le courant garde ou reprend sa limpidité.

Juillet, libre dans son origine, n'a produit qu'une monarchie enchaînée; mais viendra le temps où, débarrassé de sa couronne, il subira ces transformations qui sont la loi des êtres; alors il vivra dans une atmosphère appropriée à sa nature.

L'erreur du parti républicain, l'illusion du parti légitimiste sont l'une et l'autre déplorables, et dépassent la démocratie et la royauté; le premier croit que la violence est le seul moyen de succès; le second croit que le passé est le seul port de salut. Or, il y a une loi morale qui règle la société, une légitimité générale qui domine la légitimité particulière. Cette grande loi et cette grande légitimité sont la jouissance des droits naturels de l'homme, réglés par les devoirs; car c'est le devoir qui crée le droit, et non le droit qui crée le devoir; les passions et les vices vous relèguent dans la classe des esclaves. La légitimité générale n'aurait eu aucun obstacle à vaincre, si elle avait gardé, comme étant de même principe, la légitimité particulière.

Au surplus, une observation suffira pour nous faire comprendre la prodigieuse et majestueuse puissance de la famille de nos anciens souverains: je l'ai déjà dit et je ne saurais trop le répéter, toutes les royautés mourront avec la royauté française.

En effet, l'idée monarchique manque au moment même où manque le monarque; on ne trouve plus autour de soi que l'idée démocratique. Mon jeune Roi emportera dans ses bras la monarchie du monde. C'est bien finir.

———

Lorsque j'écrivais tout ceci sur ce que pourrait être la révolution de 1830 dans l'avenir, j'avais de la peine à me défendre d'un instinct qui me parlait contradictoirement au raisonner. Je prenais cet instinct pour le mouvement de ma déplaisance des troubles de 1830; je me défiais de moi-même, et peut-être, dans mon impartialité trop loyale, exagérai-je les provenances futures des trois journées. Or, dix années se sont écoulées depuis la chute de Charles X: Juillet s'est-il assis? Nous sommes maintenant au commencement de décembre 1840, à quel abaissement la France est-elle descendue! Si je pouvais goûter quelque plaisir dans l'humiliation d'un gouvernement d'origine française, j'éprouverais une sorte d'orgueil à relire dans *le Congrès de Vérone* ma correspondance avec M. Canning: certes, ce n'est pas celle dont on vient de donner connaissance à la Chambre des députés. D'où vient la faute? est-elle du prince élu?, est-elle de l'impéritie de ses ministres? est-elle de la nation même, dont le caractère et le génie paraissent usés? Nos idées sont progressives, mais nos mœurs les soutiennent-elles? Il ne serait pas étonnant qu'un peuple âgé de quatorze siècles, qui a terminé cette longue carrière par une explosion de miracles, fût arrivé à son terme. Si vous allez jusqu'à la fin de ces *Mémoires*, vous verrez qu'en rendant justice à tout ce qui m'a paru beau, aux diverses époques de notre histoire, je pense qu'en dernier résultat la vieille société finit.

(*Note. Paris*, 3 *décembre* 1840.)

FIN.

TABLE DES MATIÈRES

—oooeoo—

NOUVELLES PUBLICATIONS

(format Charpentier.)

—◁◇▷—

Sous presse.